RENÉ MERCIER

JOURNAL D'UN BOURGEOIS DE NANCY

NANCY SAUVÉE

PRÉFACE DE L. MIRMAN

PRÉFET DE MEURTHE-ET-MOSELLE

BERGER-LEVRAULT, LIBRAIRES-ÉDITEURS

PARIS
5-7, RUE DES BEAUX-ARTS

NANCY
RUE DES GLACIS, 18

TROISIÈME MILLE

NANCY SAUVÉE

Il a été tiré de cet ouvrage cinq exemplaires numérotés sur papier du Japon.

RENÉ MERCIER

JOURNAL D'UN BOURGEOIS DE NANCY

NANCY SAUVÉE

PRÉFACE DE L. MIRMAN

PRÉFET DE MEURTHE-ET-MOSELLE

BERGER-LEVRAULT, LIBRAIRES-ÉDITEURS

PARIS
5-7, RUE DES BEAUX-ARTS

NANCY
RUE DES GLACIS, 18

1917

A MES COMPATRIOTES

DE NANCY ET DE LORRAINE

QUI SOUS LA MENACE ALLEMANDE

ET SOUS LES OBUS

ONT CONSERVE UNE BRAVOURE NARQUOISE

JE DÉDIE CES ÉMOTIONS

QU'ENSEMBLE NOUS AVONS ÉPROUVÉES

R. M.

PRÉFACE

Je viens de lire d'un trait *Nancy sauvée (Journal d'un Bourgeois de Nancy)*, de René Mercier, et je défie tout lecteur qui aura eu la bonne idée d'ouvrir un soir ce petit livre, de le fermer avant de l'avoir dévoré jusqu'à la dernière ligne.

Ce journal s'étend du 28 juillet au 13 septembre 1914. Il comprend, il devait comprendre trois parties : l'enthousiasme, les jours noirs, le salut. Il n'est pas possible que l'âme humaine éprouve jamais, durant six semaines, une série d'émotions plus diverses et plus fortes. Ces émotions, je me garderai bien d'essayer de les traduire ici, je les exprimerais mal; la synthèse que j'en pourrais faire paraîtrait incolore et froide auprès de ces notes, prises par René Mercier sur le vif, et qui ont tout le mouvement de l'instantané, toute la couleur du plein air, jetées chaque soir sur le papier, après une rude journée de labeur, écrites sans apprêt, mais par un maître de la plume, notes alertes, pressées, brillantes, brûlantes...

L'auteur a conservé durant ces épreuves une bonne humeur robuste ; il y eut d'autant plus de mérite qu'il est journaliste, et que, si toutes les maisons de France ont été troublées par la guerre, je doute qu'aucune l'ait été plus profondément que celle d'un grand journal de l'Est : ce n'était rien — ou presque — que la compagnie de rédacteurs et de typographes fût désorganisée, ce n'était rien que le papier et l'encre n'arrivassent plus ; un journaliste de race se tire de toutes les difficultés, à condition cependant qu'il dispose de deux choses : les nouvelles et la liberté. Les nouvelles ? On verra combien nous étions, à Nancy, réduits à la portion congrue : le télégraphe et le téléphone ne fonctionnaient que pour l'armée ; les lettres, avant de partir ou de nous être distribuées (je dis « nous » parce que je supportais avec sérénité la loi commune), subissaient un long stage dans quelque mystérieux « purgatoire ». Le journaliste n'aurait donc pu parler que de ce qu'il avait lui-même vu ou entendu ; mais cela, c'était justement ce dont l'autorité militaire interdisait le plus strictement la reproduction. Ajoutez que les ciseaux de la censure sont l'outil le plus délicat à manier, et qu'il faudrait qu'un dictateur improvisé fût un homme de génie extraordinaire pour observer la mesure en un tel moment et ne point dépasser les limites raisonnables de l'arbitraire..., si de telles limites peuvent être fixées par la sagesse humaine. J'allais dire que les journalistes de Nancy qui gardèrent le sourire furent des saints ; je dirai simplement qu'ils furent de bons citoyens, ils le furent tous et pleinement.

En cela, ils correspondirent exactement à l'esprit public. Dans sa lettre du dimanche 9 août 1914, René Mercier, signalant la nomination, ce jour même, du nouveau préfet de Meurthe-et-Moselle, écrivait ces mots très justes : « Il lui sera nécessaire de s'inspirer de l'esprit des populations lorraines plutôt que de l'inspirer. » Oui, le devoir était là ; puissé-je l'avoir accompli, car je ne m'en suis jamais assigné d'autre, ni de plus élevé. Sans doute, il appartint à tel ou tel de parler au nom de ces populations, d'exprimer ce qu'elles ressentaient, de traduire leur confiance à certaines heures tragiques, de faire connaître au dehors leur détermination de tout supporter pour le triomphe de la cause sacrée de la Patrie. Mais ce serait les calomnier que de prêter à qui que ce fût le rôle d'avoir été, à un moment quelconque, leur guide ou leur soutien. C'est en elles-mêmes, dans leur propre cœur, qu'elles puisèrent à toute heure, après comme avant la victoire de la Marne, la force nécessaire pour rester, à travers les pires épreuves, dignes d'elles-mêmes.

Qu'on essaie de se figurer l'état d'esprit des Nancéiens en août 1914. Depuis de longues années, une doctrine avait prévalu chez presque tous ceux qui s'appliquaient à prévoir la guerre et à en déterminer les modalités : Nancy, à quelques kilomètres de la frontière et dépourvue d'un ensemble de fortifications protectrices, Nancy devait être sacrifiée, et avec la grande cité lorraine toute la région située sur la rive droite de la Meurthe; c'est sur les hauteurs qui dominent la rive gauche que la défense du sol français devait être organisée. Quand, le poste de préfet de Meurthe-et-Moselle étant devenu vacant en raison de la grave maladie qui venait de terrasser mon pauvre collègue M. Reboul, j'obtins du Gouvernement l'honneur d'y être appelé, M. le ministre de l'Intérieur, en m'annonçant, le dimanche matin 9 août, cette bonne nouvelle, me recommandait de partir le jour même et par le premier train, si je voulais être sûr de parvenir à Nancy. On a souvent raconté qu'un général illustre, et qui aimait les boutades, se plaisait naguère à répéter que, s'il était chargé des opérations de la prochaine guerre, son premier communiqué officiel serait pour annoncer au pays la perte de Nancy, avant même qu'elle fût devenue une réalité et pour que la nation prît du coup son parti d'un sacrifice inévitable. Rien donc — pas même la présence sur notre frontière de l'admirable 20e corps, qui pouvait à chaque instant être appelé sur une autre partie du théâtre de la guerre — pas même l'affectueuse confiance de chacun de nous en M. le général de Castelnau commandant l'armée, mais dont l'action devait être subordonnée à l'ensemble des vastes opérations se déroulant de la Belgique à Belfort — rien ne permettait spécialement aux Nancéiens d'espérer qu'ils n'allaient pas subir, et dans quelques jours, demain peut-être, cet atroce supplice.

Rien? Et cependant ils espéraient! Ils espéraient au début d'août. Ils espéraient, bien entendu, lorsque, refoulant les Boches qui avaient pénétré jusqu'à Badonviller, jusqu'à Crévic, et y avaient commis leurs premiers crimes, nos troupes franchissaient la frontière. Ils espérèrent encore après la retraite douloureuse de Morhange. Ils espérèrent encore à mesure que les nouvelles de Belgique et du Nord devinrent plus graves. Ils continuèrent à espérer lorsque l'Hôtel des Postes, les hôpitaux militaires et la gare furent évacués, lorsque les trains cessèrent d'arriver à Nancy, lorsque les caisses publiques allèrent, en personnes prudentes, coucher chaque soir à Toul (*). Ils conti-

(*) Voir la note à la fin de la Préface.

nuèrent à espérer à l'heure où nous sentions l'étreinte se resserrer autour de la ville, à l'heure où, de la place Stanislas, on voyait les éclatements des obus. Ils continuèrent à espérer pendant les jours si désagréables où nul ne pouvait faire un pas à Nancy sans sauf-conduit, où il fallait montrer patte blanche pour traverser un pont, où le préfet devait demander à l'armée les papiers nécessaires pour que les pompes automobiles de la Compagnie de Nancy pussent aller éteindre les incendies dans les faubourgs de la ville. Ils continuèrent à espérer quand ils apprirent que le Gouvernement avait quitté Paris pour Bordeaux, quand ils connurent que les Boches étaient à Dieulouard, à Blainville. Ils espérèrent encore quand les obus se mirent à pleuvoir sur le territoire de Tomblaine. Ils ne désespérèrent point quand ils tombèrent à Nancy même... Ils n'avaient aucune raison d'espérer, et ils espérèrent cependant. Espérer quand le péril se rapproche et se précise, quand les jours s'assombrissent, quand le regard inquiet cherche et ne voit pas l'issue, espérer malgré tout et, malgré tout, continuer à vivre, à travailler, à agir, cela s'appelle « tenir ». Et l'on peut rendre à la population de Nancy ce juste hommage qu'*elle a bien tenu !*

Elle a tenu aux heures d'août et de septembre 1914 qui furent les plus tragiques de la guerre, puisque, à ces heures-là, la Patrie elle-même était en danger. Elle a tenu encore plus tard, en d'autres jours d'épreuve, lorsque, contrairement au droit des gens, la ville ouverte de Nancy fut la victime des bombardements criminels par pièce de 380 à longue portée... ; mais de ces pages ultérieures de son histoire il convient de ne rien dire ici, puisque René Mercier a clos son récit le 13 septembre 1914 ; et autant j'espère qu'il nous donnera bientôt la suite de son attachant *Journal d'un Bourgeois de Nancy*, autant je le félicite d'en avoir arrêté la première partie à cette date mémorable.

La période du 1er août au 13 septembre forme à elle seule un tout; en ces quelques semaines se précipitèrent des événements qui ont fait tendre à les rompre tous nos nerfs, qui ont fait vibrer toutes les cordes de notre sensibilité. Après cette courte période d'épopée commence une autre phase qui s'allonge, qui se déroule lentement, où les Français doivent dépenser une autre vertu que celle dont ils ont témoigné durant les secousses tragiques, une vertu non moins méritoire peut-être et dont le monde entier a découvert qu'ils étaient aussi richement pourvus : la vertu de persévérance.

Ces journées de septembre resteront la date sacrée de l'histoire de la France, de l'histoire du monde. Pour la première fois, le monstre était arrêté, contraint sur tout le front à reculer; pour la première fois la légende de l'Allemagne invincible était détruite... J'ai ouï dire que parfois l'homme, un instant avant de mourir, secoue la torpeur de son agonie, recouvre toute la lucidité de sa mémoire et qu'avec la rapidité de l'éclair se déroule devant son âme, derrière le voile déjà clos de ses paupières, tout le film de sa vie. Le mourant peut-il, à ce moment suprême, concentrer toute son attention sur l'heure de son existence qui lui parut la plus belle? Si cette faveur m'est accordée, je reverrai donc les minutes sacrées durant lesquelles j'ai reçu au téléphone le texte de l'ordre du jour par lequel le général Joffre annonçait la victoire de la Marne, et que le général de Castelnau avait bien voulu me faire transmettre de Neuves-Maisons; je revivrai ces instants bénis pendant lesquels, sous la dictée trop lente à mon gré du téléphoniste, j'écrivais ces mots inoubliables : « La bataille qui se livre depuis cinq jours s'achève en une victoire incontestable... » ; je revivrai ces heures d'allégresse magnifique durant lesquelles, à travers les rues désertes et silencieuses, dans la nuit opaque, en auto sans phare, à folle allure, au risque de me rompre les os contre la porte Saint-Nicolas, je filai aux quatre coins de la ville, pour aller porter, dans les ambulances, aux blessés qui, par leur héroïsme, l'avaient rendue possible, cette nouvelle de la « Résurrection de la France »... Pour avoir goûté une première fois cette joie divine, je ne regrette pas d'avoir vécu, et si ma vie morale doit s'éteindre à jamais au milieu de l'ivresse délicieuse de ce souvenir, je ne crains pas la mort.

L. MIRMAN,

Préfet de Meurthe-et-Moselle.

Nancy, mai 1917.

*
* *

(*) Puisque je fais allusion ici à ces départs, à ces évacuations, il convient que je rectifie un détail de l'histoire locale. René Mercier, au soir du 22 août, note que, dans le courant de l'après-midi, quelqu'un lui apporte cette information : « Une vingtaine de camions stationnent sur la place Stanislas, prêts à évacuer les archives de la préfecture et de la mairie. » Y avait-il des camions place Stanislas, le 22 août 1914? je l'ignore. En si grand nombre? c'est bien peu probable. S'ils étaient là, je ne sais à quel transport militaire ils étaient destinés. Ce qui est certain, c'est qu'ils n'attendaient point les archives de la préfecture et de la mairie. Celles de la mairie? il ne fut jamais question de les évacuer. Celles de la préfecture? c'est ici que j'apporte une précision qui intéressera peut-être les collectionneurs des petits faits de l'histoire. L'ordre du Gouvernement était, en effet, d'évacuer sur la place forte voisine de Toul les archives les plus précieuses de la préfecture. Or les archives d'une préfecture se composent d'une énorme quantité de paperasses dont, par respect de l'Administration, je ne me permettrai pas de dire qu'une seule soit négligeable, mais au milieu desquelles il serait fort difficile de discerner quelque chose de précieux. Il eût fallu de longues semaines pour faire un tri; j'y renonçai. Me tournant alors d'un autre côté, et par acquit de conscience, je demandai à notre érudit archiviste départemental s'il se trouvait, dans le dépôt dont il a la garde, quelque « trésor ». « J'en ai trois — me dit-il avec émotion — et d'un prix inestimable : trois chartes carolingiennes, l'une de Louis d'Outre-Mer, l'autre de Charles le Simple, la troisième, la plus ancienne, de Charlemagne et même de la première partie de son règne, datée de 777, documents originaux, Monsieur le Préfet, et dont la conquête réjouirait le cœur des Allemands... » Je crois bien qu'à ce moment l'excellent M. Duvernoy était convaincu que les Boches seraient plus heureux de mettre la main sur la charte de 777 que sur le mont d'Amance ou le plateau de Malzéville, et l'aimable savant entreprit de m'exposer toutes les raisons qui faisaient de ces vénérables parchemins les diamants de la couronne des archives de Meurthe-et-Moselle. Nous étions fort pressés ce 22 août 1914; je préférai le croire sur parole. Il me confia les trois chartes. J'en fis un paquet, tout petit, tout modeste, qu'un enfant de trois ans eût pu porter. Je plaçai le précieux paquet sur ma table. Il fut entendu que le jour où quelque chose devrait partir de la préfecture de Nancy, ces seuls documents de nos archives seraient envoyés à Toul. Le petit paquet ne partit point... Il resta dans un coin durant de longues semaines. Ce n'est pas que Nancy fût demeurée si longtemps menacée, mais l'avouerai-je, et M. Duvernoy me pardonnera-t-il, j'avais fini par oublier ce que recélait ce petit colis. Je voulus un jour en avoir le cœur net, je l'ouvris. A la vue des papiers vénérables, je fus pris de peur, je les remis immédiatement aux archives et fus ainsi soulagé d'un grand poids. Et c'est à cela que se bornèrent les projets d'évacuation des archives de la préfecture, en l'année de guerre 1914.

L. M.

LA GUERRE ENTHOUSIASTE

Nancy, 28 juillet 1914.

Bien que je sois harassé par une nuit sans sommeil et une journée d'énorme besogne, avant d'aller me coucher il faut que je note les petites péripéties de mon voyage.

A Dinard, j'avais avisé un wagon sans lumière, et je m'étais réjoui à la pensée que je serais seul. J'ai donc posé sur une banquette mon pardessus, mon sac, mon coussin et ma couverture, et j'ai fait les cent pas sur le trottoir.

Quand je suis monté dans mon compartiment enfin éclairé, il y avait déjà trois personnes. J'ai eu tout juste un coin. Je n'ai pu m'étendre, et j'ai à peine fermé les yeux.

A Paris, j'ai trouvé ma chambre fermée et n'ai pu me débarbouiller. Mon auto a failli écraser neuf Parisiens, successivement rencontrés, qui dévoraient leur journal en marchant.

A Nancy, on m'accueille en me disant qu'on allait me télégraphier de rentrer quand on a reçu ma dépêche.

Toute la journée, agitation, télégrammes, visites. A 5 heures, déclaration de guerre de l'Autriche à la Serbie. Bruit énorme. Foule dans la salle des dépêches de l'*Est Républicain* et dans la rue. Seconde édition.

L'émotion est considérable, bien qu'elle soit pour l'instant peu justifiée. Les épiciers ne prennent plus les billets de banque. La Caisse d'épargne a rendu aujourd'hui trois cent mille francs. On n'est pas aussi énervé qu'à Paris, mais on l'est un peu plus que d'habitude. L'*Est* est assiégé par une foule avide de nouvelles. Il est 11 heures du soir, et la salle des dépêches est encore pleine.

J'ai mille fois bien fait de revenir. On commençait à être inquiet, et on s'est rassuré en me voyant. Tout est donc pour le mieux.

Nancy, 29 juillet 1914.

Voici ma journée terminée à peu près. Je dis « à peu près », car j'ai encore pas mal à faire, et j'attends, en écrivant, un dernier coup de téléphone.

J'ai dormi comme un sourd. Je me suis levé à 7 heures, j'ai fait mon article et je suis allé chez le préfet, M. Reboul, où l'on étudiait la question de l'approvisionnement de Nancy en cas de guerre.

M. Louis Michel avait proposé au préfet la garde éventuelle des champs de pommes de terre.

Le soir, nouvelle conférence à la préfecture entre le préfet, le maire, Louis Michel et moi. On a adopté la proposition de M. Michel, et on a pris tout de suite les mesures utiles. On a en terre pour deux mois de légumes. Donc rien à craindre de quelque temps, et je rassure la population à ce point de vue.

Nous avons aussi parlé de l'approvisionnement de blé. Ça va assez bien de ce côté-là.

Ces précautions sont utiles, bien que je croie toujours à une conciliation possible. Elles sont encourageantes.

La ville est en proie à un énervement cruel. Les commerçants n'ont plus de monnaie. Les particuliers ne peuvent rien acheter, car ils arrivent avec des billets qu'on n'échange pas. A la gare, on refuse les tickets aux personnes qui n'ont pas le prix exact du voyage.

Les banques sont assiégées. Devant la Caisse d'épargne, du monde jusqu'à la rue Saint-Jean. L'épicerie Robardelle est fermée.

J'ai vu, à la poste, un monsieur présenter un billet de cent francs pour payer un timbre de deux sous. On l'a secoué sans bienveillance.

Un exemple. Ce matin, j'ai voulu déjeuner au restaurant Thiers. Quand j'ai présenté un billet de cinquante francs, on a souri dédaigneusement, et le garçon m'a dit que je paierais plus tard.

Cependant il est arrivé à la Banque de France deux wagons de pièces de cinq francs. Tout cela va être englouti et disparaîtra pour longtemps.

M. Laurent, maire, se propose d'émettre des billets de cinq francs. Le préfet n'y met pas opposition. Mais d'autres citoyens estiment qu'il serait désastreux de créer du papier-monnaie.

La population n'est pas aussi alarmée qu'hier. L'énervement se tasse, les nouvelles étant meilleures.

Nancy, 30 juillet 1914.

Journée terrible. J'ai la tête comme une cloche bourdonnante.

A dater de 9 heures, coups de téléphone affolés. La guerre? La famine? Les Allemands qui planent au-dessus de Nancy? Caillaux assassiné par le fils Calmette? Tout ce que l'imagination déréglée du populaire peut inventer d'abracadabrant et d'affreux, tout cela est passé dans mon oreille par les récepteurs téléphoniques.

J'opposais mon habituelle sérénité à ces calembredaines tragiques et folles, et je rassurais tout le monde dans la mesure où l'on pouvait rassurer.

A 1 heure, j'allais manger un morceau. A 1h30, j'étais au journal. Et en avant le téléphone.

Cet après-midi, j'ai eu la curiosité d'aller voir ce qui se passait du côté de la frontière. On raconte tant de choses, et si invraisemblables, que j'ai voulu me renseigner par moi-même.

Et voici, comme dirait Arthur Meyer, « ce que mes yeux ont vu » :

A bord d'une Pic-Pic, avec des amis que les événements ne troublent guère et dont l'humeur railleuse résiste à tout, nous filons par un temps admirable. Çà et là des soldats qui font du service en campagne ou qui rentrent, sac au dos, à la caserne.

Les paysans, courbés sur le sol, ne se redressent point au passage de la trombe automobile. Voilà beau temps qu'il en passe des voitures et des voitures!

On s'arrête près de la gare de Moncel.

Herment, « le premier buffetier de France », s'approche.

— Dites-moi, est-ce qu'on laisse passer à la frontière?

— Oui, mais difficilement avec une auto. On prend les noms et on fouille la voiture.

— Bon. Et à pied? On ne peut aller prendre un bock à Pettoncourt?

— Mais si. Je vais avec vous, si vous voulez bien.

On s'entasse sur la voiture un peu haletante.

Sur le pont un douanier allemand nous arrête.

— Avez-vous des papiers?

— Non. Il n'est donc pas permis de faire un tour dans le village?

— Oui bien. Mais fermez votre appareil photographique. Et ramenez la voiture au delà du poteau.

On fait ce que veut le bon douanier allemand, et on s'en va vers le café Sachat.

Et là, en buvant un bock peu frais, nous apprenons :

Qu'à Moyenvic, en Lorraine annexée, à quelques kilomètres de Vic, sur la route qui conduit à Marsal, des chevau-légers gardent un pont au travers duquel ils ont placé des voitures;

Que dans tous les villages annexés on fait des provisions et que les épiceries sont prises d'assaut;

Qu'à Metz le prix de la farine est aujourd'hui de 52f50, et qu'on paie le kilo de sucre 2 marks au lieu de 1 mk 10;

Que près de Verny on a mis des cordes en travers de la route.

Nous ne voyons pas très bien à quoi tendent toutes ces précautions. Mais voilà que le brave douanier Oulmann arrive en courant :

— Dépêchez-vous, dépêchez-vous. Nous allons barrer le pont.

On se hâte lentement vers la frontière. Et Oulmann ayant, avec un de ses compatriotes, réquisitionné deux grandes voitures à fourrage, tous deux les conduisent jusqu'au pont, les arrangent de façon à fermer tout passage, et jettent dessus et dessous des fagots de grosses branches.

— Pourquoi faites-vous cela? leur demande-t-on à travers la barricade.

— Ordre arrivé de Vic à l'instant. Chez vous les routes sont barrées. Nous faisons comme vous.

Il était 5 heures précises. Nos gendarmes, nos douaniers et nos employés de chemin de fer regardaient de loin tout cela avec un sourire amusé.

Et nous sommes repartis à travers la

campagne lorraine sur des routes que personne n'a barrées ni avec des cordes, ni avec des voitures, ni avec des fagots.

Cependant, à Champenoux, un soldat arrêtait notre auto et, après s'être renseigné sur notre identité, nous laissait rentrer sans plus se soucier de nous que ne le faisaient ses camarades occupés à étêter dans la forêt les arbres qui pourraient gêner le tir de l'artillerie.

Les plus sinistres pensées n'étouffent pas la gaieté française. On rit de tout. Je suis tranquille, vous sachant loin de cette agitation inquiète, qui est fort intéressante à étudier, mais à laquelle je ne prends aucune part, mon énorme besogne absorbant toute mon activité cérébrale.

Aujourd'hui, c'est le déchaînement de toutes les craintes.

Ce qu'on n'a pas fait ici, des coupures de vingt et de cinq francs, la Banque de France va le faire. Et ce sera un soulagement considérable pour le commerce, et la disparition d'une formidable anxiété chez les particuliers qui ne pouvaient plus rien acheter, l'or et l'argent disparaissant à mesure qu'ils apparaissaient.

La farine est régulièrement fournie et n'a pas augmenté de prix à Nancy, alors que ce prix a doublé à Metz et à Strasbourg. Songez donc au coup terrible porté à l'esprit public si un beau matin les boulangers avaient fermé leurs boutiques. Quel désastre! L'effet moral aurait été déplorable.

A ce moment — 11 heures du soir — la salle des dépêches est pleine de gens qui tiennent le journal à la main et discutent passionnément. Ils croient que la mobilisation est pour cette nuit et qu'on part demain matin.

Ce n'est pas impossible. Mais, pour calmer nos amis, je nie systématiquement, en souriant, comme celui qui en sait long.

Je ne tiens pas à ce que vous veniez ici. Je me suffis très bien. Je mange au restaurant, et je ne consacre pas de longues heures aux repas. Si vous étiez là, vous ne me verriez pour ainsi dire jamais.

La plus grande joie que vous puissiez me donner en ce moment, c'est de rester en

Bretagne avec nos amis, d'y passer les plus heureuses vacances, de ne vous créer aucun souci, de profiter du beau temps, — ici, il fait splendide, — de vous emplir les poumons aux brises de la mer. Ce me sera une plus grande tranquillité et une sorte de repos physique. Il me semblera que je prends des vacances moi-même. Je vous aurais avec moi que je serais d'esprit moins clair et de cœur moins robuste.

J'espère toujours que la situation s'améliorera — elle est trop tendue pour demeurer longtemps ainsi — et que sous peu de jours je pourrai vous retrouver.

Nancy, 31 juillet 1914.

Ne vous fâchez pas du manque de monnaie. C'est partout la même chose, et ici plus qu'ailleurs sans doute. Mais quand cette lettre vous sera parvenue, vous serez délivrés de ce souci, puisque la Banque de France émet demain, samedi, des coupures de vingt et de cinq francs.

Je vous conseille, je vous prie instamment de ne pas partir pour Paris si les événements se gâtent. Les Allemands coupent les routes à la frontière, enlèvent les rails et font sauter les ponts. Cela montre qu'ils ont l'intention de passer, en cas de conflit, par le nord de la France, en traversant la Belgique et le Luxembourg, et de se porter directement sur Paris.

Ils se gardent contre l'envahissement des troupes de Lorraine et, en interceptant les communications, s'ils s'interdisent d'entrer à

Nancy, ils nous empêchent aussi de pénétrer à Metz et à Strasbourg. Donc le Nord et Paris sont les zones les plus dangereuses. Restez en Bretagne.

On attend pour ce soir la mobilisation allemande. Cela ne prouve rien, mais m'incite à vous donner ces conseils avant que les communications soient coupées entre nous.

Vous voyez que je parle de cela avec sérénité. J'aime mieux prévoir qu'être ensuite aux regrets d'une imprévoyance que je me reprocherais amèrement.

Ne venez pas. Ce serait une folie dont nous souffririons gravement tous. J'aime mieux vous savoir là-bas, au bord de la mer, sous le chuchotement des peupliers. Au surplus, au moment où vous recevrez cette lettre, ou les relations par Paris seront devenues si difficiles qu'on ne pourra plus songer à les utiliser, ou bien la détente aura supprimé toutes appréhensions, et c'est moi qui retournerai en Bretagne.

Ici, personne ne reste chez soi. On est dans la rue, dans les cafés ou à l'*Est*.

Le maire vient de prendre un arrêté contre les journaux qui lancent de fausses nouvelles.

On paraît moins énervé que ces jours derniers. Tout le monde désire en finir. Et cette nuit, pendant que les officiers et les soldats couraient par les rues pour les exercices de mobilisation, le maire, reconnu, a été partout acclamé.

— C'est la guerre! Vive le maire!

Une excitation de bon aloi. Un courage un peu nerveux, mais pas trop.

La foule est déjà tassée dans la rue, devant le journal. Elle attend patiemment les nouvelles que nous allons donner.

9h5. — Je reviens. On m'annonce que du côté de Pagny on ne prend plus de correspondances. L'édition de Briey nous est renvoyée de la gare. On nous assure toutefois le départ du train de 10h28 vers Paris. C'est par ce convoi que partira ma lettre. Ne vous effrayez pas si vous n'en avez pas d'autres tant que la situation sera aussi incertaine. On ne peut plus rien promettre.

Devant l'*Est*, on salue des cris de « Vive

l'armée! vive la guerre! » les cavaliers qui passent dans la nuit.

On se prépare avec ardeur aux éventualités les plus cruelles. Le service des hôpitaux est assuré de façon parfaite par la Société de Secours aux Blessés et par l'Union des Femmes de France.

Au lycée, à l'École professionnelle, au Bon Pasteur, à l'ancien couvent des Dominicains, on installe des lits. Le dispensaire de la rue Saint-Fiacre regorge de vêtements et d'objets de pansement. Les infirmières sont déjà allées prendre le mot d'ordre et ont entendu les conseils de M. le Pr Meyer, doyen de la Faculté de Médecine. On a repassé les blouses blanches qui seront épinglées de la croix rouge.

Les précautions les plus précises ont été prises, sur l'initiative de bons citoyens et avec le concours des Pouvoirs publics, pour que les vivres essentiels ne manquent pas.

Il est bon, toutefois, me semble-t-il, que la population ait fait quelques provisions.

Dans la soirée, règne une prodigieuse animation. Les rues Saint-Jean et Saint-

Georges sont occupées par la foule, qui s'arrache les journaux.

Jamais, de mémoire d'homme, la cité ne connut une telle agitation.

Nancy, 1er août 1914.

Quelle nuit tragique et merveilleuse! Les nouvelles que nous avions données avaient attiré à l'*Est* et devant l'hôtel une foule vibrante qui attendait.

A 10 heures, on placarde aux poteaux du tramway et aux façades des maisons de petites affiches portant l'ordre de réquisition.

Déjà les chevaux réquisitionnés sont conduits par la bride dans les casernes.

Un escadron du 12e dragons, avec ses chevaux couverts de poussière, passe au Point-Central. Le casque des cavaliers est recouvert de la housse en toile bise. On acclame les cavaliers : « Vive l'armée! vive la France! »

Subitement on apprend que les facteurs portent dans les maisons des convocations aux réservistes et aux territoriaux.

Les hommes, éveillés en sursaut, s'arrachent aux bras des femmes pleurantes, font rapidement un paquet de hardes, mettent quelque nourriture dans un papier ou dans une musette, et partent.

A peine échappés aux émotions intimes, ils trouvent sur le pavé des rues les camarades déjà consolés, et les interrogent. Ceux qui ont la même destination se groupent, boivent ensemble un demi à la terrasse d'un café et se dirigent vers la gare ou vers les routes de la banlieue.

Il fait une nuit claire comme du cristal. Parfois passe la *Marseillaise* ou le *Chant du Départ*. On mobilise seulement, paraît-il, le 20e corps. Mais nous croyons tous que la France entière est mobilisée.

A 10 heures, le régiment de dragons de Commercy débouche de la gare. Les soldats portent la lance. Le défilé est magnifique d'ordre. « Vive l'armée! vive la France! » Et les officiers saluent de l'épée.

Puis ce sont d'autres régiments, et d'autres encore, des convois de cartouches, des fourgons de la Croix-Rouge. Et toujours un immense enthousiasme les acclame, un enthousiasme croissant.

A Laxou, on a sonné la générale. Tout le village descend précipitamment à Nancy. Il s'égaille dans les cafés.

Inutile de se coucher. Le bruit de la rue est incessant comme le battement des vagues sur les rochers bretons. Il ne serait pas possible de dormir dans un pareil froissement de fer.

A 3 heures, d'ailleurs, il faut que je sois là pour compter les ouvriers qui restent à faire le journal. Picaudé, le chef de la clicherie, est parti à Jarville. Je ne sais si j'aurai assez de typos pour mener à bien la « Dernière Heure ». A 4 heures, il en arrive trois. Sauvé! On peut marcher. Mais Ahlers, le metteur en pages, n'est plus là. Il a rejoint du côté de Foug. On arrive quand même.

La rue est déjà, à 6 heures, noire de monde. Les réservistes en civil, mais portant le fusil, attendent sur le trottoir la parution de l'*Est*. Le voici qui vient sur les bras des vendeurs. Et aussitôt on ne voit plus que journaux dépliés.

Les autos militaires passent à grand bruit, en vitesse folle.

On commente beaucoup l'assassinat de Jaurès, que j'avais fait afficher la veille. Mais on regarde avec plus de passion les nouvelles de la mobilisation. Quelques-uns sont déçus que seul le 20e corps ait été appelé. Alors le coup de torchon? Ce n'est pas pour maintenant?

A 7 heures, Cordier, en lieutenant, arrive, m'embrasse avec fougue et me dit :

— Je pars; adieu!

A 9 heures, un coup de téléphone de Louis Laffitte, secrétaire général de la Chambre de Commerce.

— Je vais aux avant-postes. Je tiens, avant de partir, à vous dire combien je suis ému de sentir à cet instant votre précieuse amitié.

Je lui souhaite bonne chance. Et un peu plus tard, le petit Jean Laffitte rappelle son père au bon souvenir de ma famille.

Avec tout ça je suis sale et pas peigné. Je vais me raser, me brosser. Voilà M. Louis Michel qui vient aux nouvelles. Voilà Petit,

Pierre Weiss, en lieutenant, qui s'en vont. Les poignées de main les plus cordiales, les souhaits offerts du plus profond du cœur.

A midi, j'échange, à déjeuner, mon premier billet de vingt francs.

Il faut assurer l'édition du soir. A 1h 30, plus de communications téléphoniques avec Paris. Les lignes sont occupées par les messages officiels.

Je vais à *Excelsior* serrer la main de M. Charles Fisson.

Me voyant entrer :

— Eh bien! ça y est?

— Quoi?

— La guerre, donc!

— Mais non.

— On mobilise?

— Mais non; en partie seulement.

— Oh! il n'y en a pas pour longtemps...

M. Fisson me conte que, jeudi, il est allé embrasser son fils Henry, sous-lieutenant, à Commercy. A la fin du repas, Henry lui dit :

— J'ai mis mes papiers en ordre. Ils sont chez M. Grosdidier. Tu les y trouveras. Tu sais que, de ceux qui partent en première ligne, il n'en reviendra pas des tas. Ça m'est égal, si ma mort doit être utile à mon pays.

Et le père l'a embrassé, et on a parlé d'autre chose.

Je rentre. On parle de la mobilisation générale. En effet, vers 5h30, la nouvelle attendue éclate.

Pas un cri devant l'affiche. Simplement, on trouve que ce n'est pas trop tôt. Ceux qui partent ce soir, à minuit, viennent me serrer la main : Gy, Jacquot, Gantner, les autres...

Il ne me reste presque plus d'ouvriers. J'embauche deux typos.

A la comptabilité, Chailly, Hoc sont partis. A la publicité, Hirtz, qui a sa femme très malade, rejoint dans deux jours.

Comment sera le journal demain? Je le ferai paraître sur deux pages, si on n'en peut composer quatre.

Je sors un moment avec Mory et d'Hôtel, qui ne partent pas, et mon mécanicien Pichot-Duclos, qui laisse ici sa jeune femme et son délicieux bébé. Tous ont confiance, et nul ne serait le moins du monde étonné que le succès de nos armes nous amenât bientôt jusqu'à Strasbourg.

Me voici rentré au journal, où j'écris vers 11 heures, aux accents de la *Marseillaise* et de la *Générale* que sonnent à pleins poumons des soldats en auto.

A la frontière, il y a, dit-on, à peu près deux cent mille hommes prêts à accueillir les Allemands. De l'artillerie lourde est arrivée. Il est probable que nous entendrons prochainement tonner le canon.

La population est tranquille. Comme je ne me suis pas couché cette nuit, je sens que les yeux maintenant se troublent, et je suis à demi sommeillant.

Nancy, dimanche 2 août 1914.

Je suis horriblement fatigué. Je noterai quand même longuement ce qui se passe, afin de retrouver plus tard les impressions exactes de ce jour. Je sais cependant que les lettres ne partent plus, et que celle-ci restera longtemps à la poste. Quand elle vous parviendra, si elle vous parvient, les événements auront sans doute subi bien des transformations, et elle ne sera guère qu'un lointain écho du passé.

A 3 heures du matin, — je ne m'étais pas couché, — on a fait le journal comme on a pu, car il ne reste pas grand monde à la maison. La plupart de mes employés sont aux armées.

A 9 heures, appel téléphonique de la préfecture. Je vais savoir ce que me veut M. Reboul. Les tramways ne marchent plus. Les employés sont à peu près tous mobilisés.

Le préfet m'annonce que M. Lebrun a télégraphié à M. Magre, sous-préfet de Briey, que l'Allemagne a déclaré la guerre à la Russie. Il n'est plus possible, dans ces conditions, que nous-mêmes n'entrions bientôt en danse. C'était écrit.

Quand j'ai affiché la nouvelle, la foule a crié : « Vive la Russie ! » puis s'est mise à commenter l'événement avec moins de passion qu'elle n'avait commenté l'assassinat de Jaurès. Elle a patiemment attendu le tirage du journal.

On disait seulement :

— Ça y est. Ce n'est pas trop tôt.

Et quelques-uns ajoutaient :

— On va leur entrer dans le chou.

Nous sommes allés voir M. Mengin, bâtonnier, qui s'est engagé dans le corps des pompiers. Il est enthousiaste de son nouveau métier et enchanté de notre visite. Pendant que les compagnies de réservistes, au matin, continuaient à gagner les avant-postes, le ciel a manifesté un moment de mauvaise humeur. Simple averse d'orage. Le soleil est revenu bientôt.

Les sociétés de tir arrivaient de la campagne en pittoresque attirail. Sur un char à bancs les fusils étaient couchés, les baïonnettes aux fourreaux.

Voici une auto réquisitionnée conduite par une femme. Le papa, en militaire, est évidemment le véritable chauffeur. Il a cédé un moment le volant à sa femme et tient sur son bras un bébé qui rit de toutes ses dents.

10 heures. La place Stanislas est grouillante. Il y a là près de deux mille personnes, hommes ou femmes, que maintient sans effort un cordon d'agents. Ce sont les étrangers résidant à Nancy, dont on opère le recensement à la mairie. Par groupes de dix ils entrent au bureau des immatriculations.

Sur la place de la Carrière, la garde du palais du Gouvernement est assurée par une section du 41e territorial.

— Ça marche, le métier?

Ils sont épatants, les « terribles »! Aussi enthousiastes et joyeux que des conscrits. Ils n'ont qu'une peur, c'est que maintenant tout s'arrange.

Dans l'après-midi, l'animation s'est concentrée uniquement aux endroits où l'on espérait des nouvelles. Les terrasses étaient désertes.

Pourtant, en passant devant un café, je vois, à l'intérieur, quatre officiers qui jouent aux cartes, tranquillement, posément, comme si tout à l'heure ils n'avaient qu'à rentrer chez eux, comme si dans l'air aucun souci ne planait lourdement. Qu'elle est jolie, l'insouciance du caractère français !

La gare et ses abords sont un étrange spectacle : cohue de gens cherchant un ami, un parent, s'appelant, se bousculant.

Les portes des grilles de la cour extérieure sont fermées, gardées par des territoriaux.

La salle des Pas Perdus est un véritable campement. Les étrangers se hâtent de gagner leur pays ou le lieu de concentration d'où ils seront dirigés vers l'intérieur de la France.

Les Italiens sont en majorité. On les reconnaît au feutre à larges bords, au maillot de couleurs vives, au large pantalon de velours.

Les Allemands sont peu nombreux; ils n'ont pas attendu ce jour-ci.

A la hâte, les émigrants ont rassemblé le plus précieux d'un misérable mobilier, et d'énormes ballots grimpent les uns sur les autres. Des miches de pain sont de-ci de-là éparpillées.

J'ai dîné en ville. Mais le dîner a été écourté par un coup de téléphone.

Sous la pluie je vais chez le préfet. Il considère la guerre avec horreur, il me dit que cette nuit peut-être le canon tonnera et que la bataille sera livrée autour de Nancy. Belle perspective! Mais j'ai pleine confiance dans le succès des armées françaises.

Le préfet est très courageux. Pourtant il ne voit pas les choses en très beau.

Il est 1 heure du matin quand je sors de chez lui, et maintenant il est 2 heures. Bientôt arriveront les ouvriers.

Je ne reçois plus de lettres, mais je ne suis pas inquiet, puisqu'il n'y a plus de courrier depuis trois jours.

J'ai eu des télégrammes de plusieurs de nos amis, qui nous assurent qu'ils sont de tout cœur avec nous. Je le sais, mais le rappel de leur souvenir est une chose qui en ce moment émeut profondément.

Nancy, le 4 août 1914.

Je ne vous ai pas écrit hier parce que vraiment je n'en pouvais plus. Remonté par deux heures de repos que j'ai pris cette nuit, je vais, pour vous, noter mes souvenirs et mes impressions.

Je m'étais levé à 3 heures, comme d'habitude, après m'être couché à 2, comme d'habitude aussi. J'ai fait le journal et j'ai, dans la matinée, reçu les gens qui m'apportent des nouvelles généralement fausses.

Vers 11 heures, je reçois des dépêches de Havas, datant d'ailleurs de 2 heures du matin. Nous n'avions pas reçu un mot depuis trois ou quatre jours, car le télégraphe est complètement occupé par les envois officiels et les ordres militaires.

Mais auparavant il s'était produit un fait qui a étrangement aidé à notre édition du matin.

Mon collaborateur Liégeois était allé en vacances du côté de Cannes, dans un pays isolé, avec sa femme et son neveu. Quand il a vu que les choses tournaient mal, il a pris le train pour Nancy. Au bout de trente-neuf heures, les trois voyageurs arrivaient, ayant perdu leurs bagages dans un des innombrables transbordements auxquels ils avaient été soumis. Or, Liégeois portait une feuille déchirée d'un journal de Lyon. Et cette feuille, ô joie ! était celle de la dernière heure. Une « dernière heure » assez ancienne, très fatiguée, mais contenant pour nous des nouvelles inédites.

Je me suis précipité dessus et ai fait passer toute cette information dans l'*Est*. Un vrai régal. Tous mes confrères vivent sur ces miettes depuis hier. En effet, on n'a rien, rien, ce qui s'appelle rien.

A 9 heures, on m'annonce que la bataille tous les jours attendue est engagée entre Cirey-sur-Vezouse et Laneuvelotte. Je monte à la tour avec ma jumelle, et je vois en effet des colonnes de soldats qui, partant d'Essey, se dirigent vers le Pain de Sucre. L'artillerie est massée derrière un village dont je ne connais pas le nom.

Tout le monde entendait le canon. Il paraît d'ailleurs qu'il n'a pas tiré, et qu'il n'y avait pas la moindre bataille.

A 10 heures, la préfecture me téléphone que l'état de siège est déclaré et que l'autorité militaire prend la direction de toute la vie publique. Son premier acte est d'interdire aux journaux la publication de toutes nouvelles intéressant la défense nationale ou pouvant alarmer la population. Excellente mesure dont je me réjouis, car je suis un bon citoyen, acceptant joyeusement les disciplines nécessaires; et j'ai conservé dans la rédaction du journal, avant les instructions militaires, toute la prudence qu'il fallait.

A midi, j'envoie d'Hôtel à l'état-major avec une dépêche de Havas portant le visa de la censure militaire de Paris et le mot « Officiel ». L'état-major, qui reçoit d'Hôtel très gentiment, lui dit que, si nous insérons, on nous confisquera le journal.

Bien. On n'insérera pas.

A 1 heure, je vais, au café proche, manger un œuf et un morceau de jambon sur un coin de table. On n'a pas autre chose.

Je reviens, la dernière bouchée précipitamment avalée, et je recommence à scruter mot pour mot les très rares dépêches que nous recevons. On boucle, on cliche.

Au moment de rouler, Nicolle, rédacteur en chef de l'*Étoile*, me téléphone que, après une nouvelle entrevue avec l'état-major, nous sommes autorisés à publier tout.

J'arrête la machine et je remanie.

Mais pour plus de sûreté je téléphone à l'état-major, qui me répond :

— Si vous publiez ces nouvelles, vous risquez la suppression du journal.

Je pars donc avec le premier texte.

Tous mes confrères paraissent avec les informations interdites. On ne les a pas supprimés. Il y était dit que les Allemands avaient envahi le Luxembourg, qu'ils étaient entrés chez nous, en Lorraine par Cirey, dans le Haut-Rhin par Petit-Croix. En réalité, c'étaient seulement des escarmouches de patrouilles, sauf pour ce pauvre Luxembourg qui est vraiment occupé.

A 8 heures, je reçois votre télégramme affolé. Justement, Liégeois, qui doit rejoindre

Paris et se mettre à la disposition du gouvernement militaire, partait à 9 heures. Je lui ai confié la réponse pour qu'elle soit remise au télégraphe là-bas, puisque ici nous ne pouvons plus télégraphier.

Comment voulez-vous, mes enfants, venir ici en de semblables circonstances, alors que nous sommes sans doute à la veille d'une grande bataille, que des blessés sont déjà dirigés sur les hôpitaux, que les habitants de Nancy assiègent les épiceries et se rationnent? Comment voulez-vous que j'accepte de votre courage et de votre cœur cet inutile sacrifice?

Il est possible que la guerre ne soit pas déclarée. Oui, c'est encore possible et je l'espère fermement. Il est possible que, si la guerre éclate, nous soyons vainqueurs. Mais il est possible aussi que Nancy soit occupée dans quelques jours. Et vous concevez combien je serais malheureux si j'avais plus tard à me reprocher de vous avoir rappelées ici pour subir une invasion.

Un homme n'a rien à craindre. Une femme et une jeune fille ont tout à redouter de la brutalité d'un envahisseur. Votre présence serait pour moi un horrible souci.

Non, non, mes chers enfants, restez en Bretagne. Je serai satisfait tant que je vous saurai près d'amis très chers. C'est, pour l'instant, le seul service que vous puissiez rendre à la sérénité de mon esprit et au calme de mon cœur. Si vous restez là-bas, je serai tout à fait tranquille. Vous êtes dans un admirable pays, à l'abri de toute méchante aventure. Vous y êtes mieux que partout ailleurs, sauf que vous me croyez en peine.

Si j'ai une peine, c'est au contraire de vous savoir si inquiètes, si nerveuses. Pour moi, je ne souffre de rien, j'ai tout ce qu'il me faut, et de la belle humeur à vendre par paquets, et de la santé comme un bœuf de labour, et un goût admirable au travail, et la joie de vivre une période de vie comme peu de gens en vivront jamais. Si vous me voyiez, vous seriez consolées et heureuses. Mais voilà, vous ne me voyez pas, et mes longues lettres, vous ne les recevez qu'avec de grands retards, où peut-être vous ne les recevez pas.

Le soir, comme je dînais chez un ami, on me téléphone que des bruits épouvantables circulent sur quelques-uns de nos plus honorables concitoyens, de ceux qui ont l'habitude de se dévouer au bien public, et qui deviennent, pour les jaloux et les excessifs, des ennemis du peuple. Je décide d'aller le lendemain demander au maire qu'il publie une note pour protester officiellement contre ces rumeurs.

A minuit, je me couche et dors comme un sourd de 1 heure à 3 heures du matin. Le téléphone me fait lever et je recommence à travailler.

A 6 heures, je suis chez le maire, M. Laurent, qui, comprenant tout de suite le danger des calomnies inconsciemment répandues en ville, rédige et affiche une note menaçant de déférer aux autorités militaires les propagateurs de bruits malveillants.

Enfin, me voilà près de vous. Il est midi. Je donne ma lettre au garçon de bureau qui la portera au bureau central, car la poste de la gare est gardée militairement.

Perpignan, 4 août 1914.

Mon cher ami,

Je t'écris à l'*Est* parce que je suis sûr que tu es aussi à ton poste de combat, de travail. Peut-être même les hostilités ont-elles commencé.

L'enthousiasme est général, en ville et à la campagne, à l'idée d'aller se mesurer avec l'Allemagne.

Je crois qu'il serait sage que tu ne gardes point ta petite famille avec toi. Nous l'attendons.

MAURICE.

Falaise, 4 août 1914.

Mon cher Directeur,

Craignant que les Allemands ne me mettent la main dessus, je suis parti vendredi soir de Briey, avec tous les camarades, en auto jusqu'à Verdun. De là j'ai pris le train jusqu'à Falaise, où j'attends d'être transformé en un beau soldat territorial, bien gauche.

Quand nous reverrons-nous?

Dans l'Ouest, la mobilisation s'effectue dans le plus grand ordre. Les paysans d'ici, gens pacifiques par excellence, partent de bon cœur, laissant leurs riches moissons sur pied.

En Normandie, comme partout, on se rend compte de la gravité de la situation.

— C'est pour nous une question de vie ou de mort, disent des paysans qui savent pourtant à peine lire.

Et ils s'en vont tranquillement, froidement, avec la volonté de faire de rude besogne. Par moment je crois que le sang de leurs farouches ancêtres bouillonne à nouveau en eux.

Les femmes sont aussi résolues que les hommes.

On ne souhaite qu'une chose, ou plutôt que deux choses : 1° que les ennemis soient écrasés; 2° que la guerre ne dure pas longtemps.

Au revoir, j'espère, mon cher directeur, et conservez-moi un petit coin dans votre affection.

Louis Desmonts.

Paris, 5 août 1914.

Mon cher Directeur,

Paris bout. Les magasins aux noms en *er* affichent sur leurs vitres une attestation du maire de l'arrondissement pour éviter qu'on ne leur fasse subir le sort des brasseries, hôtels, maisons de commission qui, en maint quartier, ont été rudement secoués.

Des breaks, des tapissières transportent gratuitement les réservistes aux gares; les drapeaux anglais, russes et belges se mêlent au pavoisement général; les camelots vendent à profusion les cocardes des pays alliés ou neutres. Les éditions des journaux sont enlevées. Des soldats passent en chantant et en agitant des gerbes de fleurs et des banderoles avec inscription : « Tous à Berlin! »

Le public stationne longuement devant les cartes de l'Est ou de la Belgique, et il se trouve toujours quelqu'un pour expliquer, un doigt sur la carte, les mouvements des troupes en présence.

Pour moi, rien de nouveau. Pas d'affiche encore du gouverneur de Paris. Je m'impatiente, je m'énerve. Je participe malgré moi à cette immense fièvre qui pousse tous les Parisiens vers les gares, musette aux reins, cocarde à la boutonnière ou au corsage. C'est comme une fête à laquelle je serais invité et dont il me tarde de goûter plus profondément les allégresses et les enthousiasmes.

On m'assure que les territoriaux du camp retranché de Paris verront de près le feu prussien. Je m'en réjouis. Comme l'ambassadeur M. de Schœn, mes malles sont faites.

Le message présidentiel, les déclarations de Viviani, la séance du Parlement, ont provoqué une émotion considérable. Les Parisiens pleuraient ce matin en lisant les journaux.

Je souhaite ardemment que votre santé,

votre bonheur, votre prospérité et vos affections ne soient pas atteints par la catastrophe.

Achille Liégeois.

Pont-à-Mousson, 5 août 1914.

Commandant d'armes de Pont-à-Mousson à l'« Est Républicain ».

Remettez au porteur les exemplaires de votre journal dont vous pouvez disposer. Je veux les faire distribuer sur toute la frontière pour rassurer la population, qui n'a plus aucune nouvelle.

Bordeaux, 5 août 1914.

Mon cher frère,

Nous venons de passer quelques jours au bord de la mer. Le 30 juillet, nous avons eu de tes nouvelles, puis plus rien.

Nous avons eu ensuite une carte de Renée, nous disant que tu étais parti pour Nancy, laissant ta famille en Bretagne.

Depuis, nous ne savons rien de vous tous. On affirme que nous avons la guerre avec l'Allemagne, mais les journaux ne disent point ce qui se passe, malgré leurs quatre ou cinq éditions quotidiennes. Et je voudrais bien savoir ce que vous devenez, toi et les tiens.

Les communications postales, interrompues pendant quelques jours, viennent d'être rétablies. Écris-nous donc tout de suite.

J'ai vu partir des soldats, et avec quel

enthousiasme! Ils sont tous sûrs d'aller à la victoire. La ville a un aspect étrange. On ne voit plus que soldats ou gens qui demandent à l'être.

Tout cela serait bien beau si on ne songeait aux deuils prochains. Et dire que personne ne croyait la guerre possible!

Je voudrais bien que vous n'ayez pas trop à souffrir là-bas. Mais si tu crains quelque chose pour les tiens, envoie-les chez nous. Tout notre cœur va vers vous plus que jamais à cette heure douloureuse.

Nancy, 5 août 1914.

Comme je comprends votre nervosité, et comme j'admire la constante belle humeur de notre enfant! Vous êtes touchantes comme des cœurs vivants et à nu.

Mais ce n'est pas le moment de céder à l'émotion. Il vaut mieux ne pas trop s'attendrir. Cela affaiblit, et j'ai besoin de toutes mes forces, de tout mon sang-froid, de toute ma lucidité pour diriger, dans ces circonstances tragiques, l'œuvre à laquelle je me suis dévoué, le journal, le cher journal qui apporte aux populations des nouvelles dont elles sont avides, et des consolations, et des espoirs.

J'ai reçu seulement aujourd'hui vos deux bonnes, vos deux exquises lettres. Elles sont datées du 1er août. Il est évident que les miennes vous arrivent en retard, si elles vous arrivent. En tous les cas, elles vous joindront bien un jour, et je crois que ce sera une collection curieuse et intéressante à classer et à relire. Elles vous font part au jour le jour de mes impressions, de ces impressions qui fuient et qu'on ne retrouve plus si on n'a pris le soin de les fixer sur le papier.

Je vous écris tous les jours.

Et voici ma vie. Je recueille moi-même les nouvelles, je les contrôle, je les mets au point, je les émonde. Mais songez qu'à cette besogne j'en arrive à dormir une heure ou deux par nuit. Je me couche quand je peux, généralement après 1 heure du matin, et je suis debout à 3 heures.

Pourtant, pendant la journée, je ne sens pas la lassitude. On vit dans une telle fièvre, tantôt joyeuse et tantôt sombre, tantôt emplie d'espoirs innombrables et merveilleux, tantôt vide de toute pensée réconfortante!

Et je dois rester souriant comme lorsqu'on a la certitude sereine de la victoire. Et dans le fond de ma pensée comme sur ma figure et dans mes yeux battus j'ai la confiance la plus enthousiaste dans le succès définitif de la France. Je suis convaincu que nous signerons à Berlin le traité qui délivrera l'Europe du cauchemar pangermaniste, et que nous ne reverrons plus de guerres, parce que les grandes puissances imposeront le désarmement général. La guerre aura été un mal atroce, mais elle aboutira à un bien immense, « kolossal », comme disent les Allemands.

Je suis d'ailleurs admirablement récompensé de mon action. Un monsieur que je ne connaissais guère est venu m'embrasser en remerciement des choses que j'avais écrites, et j'en ai été extrêmement ému.

Cette guerre est la guerre sainte. Elle nous est mille fois favorable, et je suis persuadé que nous irons bientôt ensemble, tous les trois, déjeuner à Strasbourg en France.

Il faut qu'il y ait dans toute période tragique des revirements assez drôles.

Un de nos amis, qui était fort antimilitariste, est devenu partisan enragé de la guerre. Il ne parle plus que de fusiller, de canonner, de mitrailler, de faire sauter les ponts.

Les horreurs commises par les Allemands

en Belgique n'épouvantent point les femmes ici. Elles les indignent.

Soyez tranquilles. Ayez confiance. Et surtout ne soyez pas malades. Je ne manque de rien, bien que le préfet demande à tous les hommes, jeunes gens et femmes valides, de s'employer à la moisson, ajoutant que, si cette mesure n'est pas prise sans retard, la farine viendra très rapidement à manquer.

Nancy, 6 août 1914.

Journée sans émotion. Les Allemands sont repoussés d'un côté par les Belges, de l'autre par les Russes. Mais notre satisfaction a été gâtée par cette sinistre nouvelle qu'ils avaient, dans la matinée, fusillé près de Lòngwy deux pauvres gosses de quinze ans, qui avaient averti la gendarmerie de l'arrivée de l'ennemi.

J'ai dîné en ville et, après quelques travaux de rédaction, je viens me reposer en causant un peu avec vous. Pas longtemps pourtant, car je suis assez las, et je voudrais dormir quelques heures.

Nous sommes gardés, à l'hôtel, par huit hommes et un caporal en armes avec des cartouches. Pourquoi fait-on garder notre hôtel? Ni les gardiens ni moi n'en savons rien.

J'ai fait coucher les soldats dans la salle des dépêches. Ils sont étendus sur des tapis que je leur ai donnés. Il ne quittent pas leurs armes, ces pauvres gens, et conservent le fusil sous la tête en cas d'alerte.

Nous avons pour la première fois aujourd'hui tiré à deux pages. C'est que, les communications étant complètement interrompues, je crains de ne pas avoir assez de papier. Et je veux que le journal paraisse jusqu'à la fin des hostilités.

J'ai failli ne plus avoir d'encre. J'ai fait le tour des imprimeries, qui sont toutes fermées, et j'ai raclé le fond des tonneaux. J'ai recueilli ainsi trois à quatre cents kilos. A deux pages, cela fera toujours un mois. D'ici là on verra venir. Mais j'ai l'orgueil de conserver à l'*Est* la réputation qu'il a, et il sera le dernier, ou j'y perdrai mon nom, à donner des nouvelles aux Lorrains.

Vous rappelez-vous l'horrible badigeonnage de la grande maison qui est au bout du pont de Mon-Désert, où, en lettres énormes et rouges sur fond jaune, se détachait le mot de *Kub?* Cette publicité, qui salissait presque toutes les maisons aux abords des ponts de Nancy, indiquait des points de repère aux aéroplanes allemands qui auraient pu ainsi, en connaissance de cause, faire sauter les voies. Il en était ainsi dans toutes les villes de frontière et à Paris. J'ignore comment notre service de renseignements a connu cette destination, mais il l'a connue, et vivement il a fait passer au goudron toutes ces dangereuses réclames.

Les soldats sont à la frontière. Il y en a, il y en a ! L'autre jour, Frion, notre inspecteur, a voulu passer en motocyclette du côté de la forêt de Haye. Deux fois il a failli, d'une seconde, être fusillé. Il n'a pas insisté. « Halte-là ! » On vous met en joue. Et le fusil est chargé.

On ne peut aller sans sauf-conduit plus loin que le pont de Malzéville. Les lumières sont éteintes dans les rues à partir de 9 heures, et les cafés fermés. Des patrouilles conduisent les passants au poste. Il est interdit de circuler sur les routes de 9 heures du soir à 6 heures du matin.

La ville n'a d'animation que devant chez nous. Partout ailleurs, c'est le désert. Songez donc, tant et tant sont partis.

La déclaration de guerre n'a surpris personne. Tout le monde s'y attendait, et ç'a été un soupir de soulagement. Rien n'est cruel comme l'incertitude. Maintenant on sait du moins ce qu'il en est. On a l'esprit tranquille.

Tous les jeunes gens s'engagent, de Nancy et des villages environnants. Si bien que le bureau de recrutement refuse les bonnes volontés qui s'offrent. Il y en a trop. Les garçons un peu forts qui passent par les rues, on les regarde de travers. On a l'air de leur dire :

— Qu'est-ce que tu fais là, toi, quand tes camarades sont à la frontière ?

Quand le neveu de Liégeois est allé signer son engagement, il a assisté à la scène que voici :

Deux jeunes citoyens étaient devant lui, attendant leur tour, car on fait queue comme aux théâtres où se joue une pièce à succès. Passe un ami.

— Qu'est-ce que vous fichez là ?

— Ben, nous nous engageons !

— Tiens, c'est une idée, ça.

Et, ne songeant plus à d'autres affaires, il se met à la suite.

Les troupes sont admirables. Si les officiers ne les retenaient pas, elles entreraient en Alsace et en Lorraine comme des furieuses. La nuit, des soldats s'échappent des bois et font pour leur compte des randonnées en territoire ennemi.

Quel entrain joyeux! Et comme les troupiers lèvent haut leurs képis, quand ils passent au milieu des applaudissements émus.

J'ai devant moi la lettre d'un jeune homme récemment engagé. Quel feu! Ce gosse-là parle grand comme un héros antique.

A 5 heures, visite de Yette.

— Quand revient-elle, votre Renée?

— Vous savez bien qu'on ne peut pas passer.

— Qui a dit ça?

— Mon Dieu, moi, je vous le dis.

— Il n'y a donc plus de voyageurs?

— Non. Depuis plusieurs jours la gare ne délivre pas de tickets.

— Ah!... c'est désolant.

Et Yette part avec une tristesse moitié ironique, moitié sincère. Son frère est par là-bas, du côté de la Seille.

Nancy, 7 août 1914.

Je reviens de dîner et j'ai eu toutes les peines du monde à rentrer.

Le factionnaire qui garde le pont de Mont-Désert ne voulait absolument pas me laisser passer.

La ville, à cette heure, 10h 30, est aussi déserte qu'une plage en hiver. Les lumières sont éteintes. Tout fermé. On dort ou on travaille. On est dedans.

Le soldat me crie :

— Halte-là !

Je m'arrête.

— Avancez à l'ordre.

J'avance.

— Qui êtes-vous?

Je me nomme.

— C'est vrai, ça?

— Ma foi, je crois.

Il me dévisage avec une insistance que j'excuse parce que c'est sa consigne et son devoir, et qui lui vaudrait en temps normal au moins une riposte un peu vive.

— Caporal, venez ici. Connaissez-vous monsieur ?

— Non.

Je prie le caporal de regarder sous un bec de gaz les pièces que j'ai sur moi : mon livret militaire, une carte télégraphique, d'autres papiers encore.

Après avoir tout minutieusement examiné, il me permet, en s'excusant, de reprendre mon chemin. Je lui dis que je comprends fort bien qu'il exécute sa consigne, et qu'il aurait eu grand tort de me laisser circuler sans contrôler mon identité.

J'ai vu aujourd'hui Raymond Bachelard, qui a eu des aventures extraordinaires en Belgique, d'où il arrive à l'instant même. Il a vécu, m'a-t-il dit, un émouvant chapitre d'histoire.

La guerre produit sur les imaginations violentes des effets tragiques. Mercredi, un sergent du 42e territorial est devenu subitement fou. Se croyant entouré de Prussiens, il s'est rué sur ses hommes, a tué un caporal d'un coup de fusil et blessé plusieurs soldats.

Un brigadier de gendarmerie a abattu le malheureux qui voulait se servir de son arme contre ses poursuivants. Le fou n'est, par bonheur, que blessé.

Il est maintenant interdit de circuler sur les routes entre 6 heures du soir et 6 heures du matin.

Pour le ravitaillement, nous sommes si abondamment approvisionnés par la campagne que les maraîchers, obligés d'évacuer le marché à 8 heures du matin, n'arrivent pas à vendre les légumes qu'ils ont apportés, et qui sont cédés à des prix dérisoires.

Qui eût dit que la guerre, au lieu d'amener la disette, comme on le craignait, créerait un excès de production? Les gens qui ont fait de grosses provisions et qui, il y a quelques jours, assaillaient les épiceries et les maisons d'alimentation en sont tout mortifiés.

Je crains d'ailleurs que cette surabondance ne dure guère.

On a, vendredi dernier, enseveli à Pont-à-Mousson le premier soldat français tué par l'ennemi. C'était un pauvre petit chasseur du 12ᵉ régiment, nommé Pouget. Il avait été tué au signal de Vittonville, en territoire français, avant la déclaration de guerre.

Premier deuil, qui sera suivi, hélas! de combien d'autres!

Nancy, 8 août 1914.

J'ai passé une journée à lutter contre moi-même. J'avais un désir fou de vous rappeler toutes deux. C'était comme un désastre de ma volonté. J'avais beau raisonner, tenter de me faire comprendre à moi-même que je risquais peut-être vos chères existences à vous vouloir près de moi, je m'entêtais dans mon désir maladif, et j'avais les traits tirés et les yeux cernés à me vaincre. Je suis arrivé à peu près à cette victoire. C'est une des plus cruelles que j'aie jamais remportées.

Mais voici. Les choses vont admirablement. A ce moment, m'assure-t-on, nous occupons Munster, Colmar, Altkirch. En Alsace on nous accueille comme des sauveurs. Le général Pau affirme que nous serons à Strasbourg sans qu'un seul coup de canon soit tiré.

Nos soldats sont d'un entrain prodigieux.

On dirait qu'ils s'amusent de la bataille. Ils sont vraiment pareils à des gosses qui jouent et font des farces dans la tragédie. Ils ne demandent qu'à marcher. Ils sont furieux quand on les retire des avant-postes pour les remplacer par des troupes nouvellement arrivées.

La mobilisation n'a pas eu un accroc. L'enthousiasme est serein et gouailleur. C'est la certitude tranquille et railleuse de la victoire.

Ce matin, j'ai vu passer dans la rue Saint-Georges un régiment en armes. Les hommes marchaient au pas avec cette souple cadence qui mène vite et loin. Pas un cri, pas une plaisanterie. Des figures souriantes sous les poils un peu longs que l'on n'a pas eu le temps de raser. Des yeux clairs, luisants d'espérance, et malins aussi, des yeux qui se préparent à regarder et à voir pendant que les mains seront à l'action.

Il n'y a plus, semble-t-il, de pioupious de l'active, d'hommes de la réserve, de papas de la territoriale. L'esprit des jeunes a mûri d'un seul coup. Les autres, plus âgés, ont subitement rajeuni. Ils ont le même âge. Ils sont soldats.

Et l'on aurait pleuré à voir toutes ces faces d'enthousiasme réfléchi si l'on n'avait besoin aujourd'hui de toute sa force morale et de toute son énergie physique.

Ils s'en allaient vers la frontière. Point farouches, certes. Plutôt ironiques dans leur discipline, héroïques avec cette pointe de scepticisme fataliste qui fait dire : Bah ! on verra.

Le régiment avait passé par les bois et par les champs. Et tous, tous les soldats avaient glissé dans le canon du fusil une fleur sauvage ou une branche verte. L'instrument de mort, ils l'avaient orné joyeusement, en gamins joliment insolents qui bravent tout et rient toujours.

Ah ! les chers petits soldats, comme on les aime mieux quand on les voit ainsi passer, quand leur bravoure s'attarde aux coquetteries !

Les Allemands sont ravitaillés, paraît-il, à la diable. Ils meurent de faim. Le service de l'intendance est déplorable.

Les prisonniers, uhlans, chasseurs ou fantassins, que l'on amène à Nancy, sont découragés. On leur a fait croire que nous étions désemparés, que Poincaré avait été assassiné, que la révolution bouleversait Paris, et qu'enfin un corps allemand occupait notre ville. Ils s'aperçoivent qu'on les a trompés, et le disent. La population les accueille sans cris, sans injures, curieusement. On les regarde et on se tait. On rend honneur au courage malheureux. Cette attitude les étourdit. D'autant qu'on leur a proposé du travail dans les campagnes du Centre et du Midi.

L'armée formidable qui devait envahir la Lorraine n'apparaît plus que comme un rideau derrière lequel il n'y a rien. Elle recule pas à pas, sans secousses, méthodiquement, comme les nôtres avancent, mais elle recule.

Tout l'effort s'est porté au Nord, semble-t-il, et on n'a conservé en Alsace que des soldats destinés à tirailler et à retarder notre marche. Ils nous attendent sans doute sur la ligne des forts qui va de Metz à Strasbourg. Ici, c'est donc l'assurance de vaincre et, là-bas, la peur d'être battus qui leur est entrée dans la peau. S'ils avaient des nouvelles de leurs armées terriblement décimées à Liége, ils seraient capables de s'enfuir sans insister.

Vous comprenez que ces nouvelles attisent follement mon désir de vous avoir avec moi.

Et pourtant la vie quotidienne est sans agrément. On éteint tout à 9 heures du soir. Dès 8 heures, la ville est noire, car les zeppelins rôdent par là et lancent des bombes. On arrête les autos, les bicyclettes qui ont conservé les lanternes. Le mouvement est mort à Nancy, sauf devant la maison, où la foule se presse, en fièvre de nouvelles, mais bien disciplinée et confiante.

Que vous dirai-je? Il n'est pas impossible qu'un retour offensif mette Nancy en cendres. Je ne le crois pas, je ne le crois pas.

Si, lorsque vous recevrez cette lettre, — j'ai eu aujourd'hui, 8 août, la vôtre du 1er août, — il ne s'est rien passé que d'encourageant, si les troupes du Nord ont été contenues par la rude alliance des Belges, des Anglais et des Français, je lève l'interdit. Vous pouvez venir. Ce ne sera pas commode. Tant pis, je laisse au destin le soin de tout régler. Je commets peut-être un crime en m'abandonnant ainsi, je le commets parce que je sens que vous êtes plus malheureuses à rester là-bas que vous ne le serez ici. Je me figure en effet que votre imagination vous torture. Et c'est pour vous épargner cette angoisse que je vous autorise à braver les dangers au-devant desquels peut-être vous courez. Je jette les dés, mais je crois bien que j'ai toutes les chances dans la main.

Entendez-moi bien. Je ne vous prie pas, je ne vous dis pas de rentrer. Je vous autorise seulement à le faire si vous le pouvez. D'ici que vous receviez ma lettre, vous saurez si les communications sont rétablies. C'est qu'alors les Allemands auront été écrasés. Dès lors, je vous attends, le cœur débordant de joie.

Je vous rends votre liberté. Et que tout

retombe sur ma tête si je fais mal en prenant cette résolution...

On m'apporte des télégrammes. J'y vois que nos troupes ont bousculé les Allemands à Altkirch, et qu'elles se dirigent sur Mulhouse. Venez, venez, qu'on pleure de joie ensemble.

A l'instant, on me téléphone que nous occupons Mulhouse. Vive la France!

Nancy, dimanche 9 août 1914.

Quelle joie par toute la ville, et comme j'ai regret que vous ne soyez pas ici pour que nous puissions ensemble nous réjouir!

Mulhouse est à nous! Mulhouse!

Toute la nuit, cette nouvelle que l'on m'avait annoncée sous réserves, m'avait empêché de dormir. On en avait parlé à la préfecture, à la mairie, dans les cafés, mais on n'osait pas espérer trop fort pour ne pas risquer une désillusion.

Ce matin, je n'avais pas encore confirmation, et je piétinais d'impatience.

Arrive enfin le télégramme officiel. Les Français sont entrés à Altkirch vendredi soir et ont été accueillis avec enthousiasme par les Alsaciens.

A 5 heures, nos troupes pénétraient dans Mulhouse, que les Allemands renonçaient à défendre. C'est la grande victoire, et tout retentit de bonheur.

On était cependant un peu inquiet. Des régiments passaient, qui ne paraissaient pas du tout aller vers la frontière. Ils en venaient.

On les interrogeait.

— Où allez-vous?

— Ma foi, nous ne savons pas.

Et les soldats faisaient un geste vague.

Comment! on nous dit que nous avançons en Alsace, et les troupes quittent la Lorraine! C'est une chose bien étrange.

La discipline est si admirablement acceptée qu'on n'ose pas insister.

A 11 heures, j'avais la nouvelle, au moment même où on commençait à tirer le journal. Je fais arrêter la machine, composer vivement les quelques lignes, et nous repartons.

Un capitaine, à la tête de sa compagnie, arrête son cheval devant l'hôtel. J'étais sur la porte.

— C'est vrai, Monsieur, que nous avons Mulhouse?

Je fais passer à l'officier le journal qu'on m'apporte, et l'émotion m'empêche de prononcer un mot.

Le capitaine se dresse sur ses étriers, lève à la fois son sabre nu et la feuille de papier, et crie :

— Mulhouse est à nous!

Les soldats crient : « Vive la France! » et la foule : « Vive l'armée! »

Puis les troupiers s'en vont d'un pas plus léger vers la gare où ils embarquent pour une destination inconnue, et on se regarde avec des yeux mouillés, et avec aussi, sans doute, une envie folle d'embrasser tout le monde, toute la France.

On a le cœur gonflé, on ne peut contenir une joie dont la puissance cause comme une douleur. Je ne crois pas avoir été de ma vie aussi profondément bouleversé.

Je n'ai pas pleuré tout à fait, mais je suis bien convaincu que, si vous aviez été là, nous aurions pleuré ensemble en nous embrassant.

Le Lorrain n'est pas, assure-t-on, extrêmement expansif. Je vous assure qu'en cette circonstance il a laissé de côté sa réserve habituelle.

Dans les rues, on se pressait les mains, on

se souriait, on riait même très fort, et on ne prononçait que ce nom qui avait un retentissement immense dans les poitrines : Mulhouse ! Mulhouse !

Nous avons quelques uhlans prisonniers à la caserne Thiry. Loin de les accabler de notre joie, on les plaignait de n'avoir pas eu à manger pendant les premiers jours de la guerre. Ils regardaient d'ailleurs tout ce mouvement avec un air parfaitement ahuri.

J'ai appris en même temps que le préfet, M. Reboul, que je n'avais pas vu depuis deux ou trois jours, était très souffrant et qu'il avait offert sa démission. Je sais qu'il s'est donné beaucoup de mal depuis le moment où les événements nous ont amenés à la guerre. Nuit et jour il était à son poste. Et je me souviens qu'il se plaignait de ne pas recevoir d'instructions précises, ce qui le rendait plus nerveux sous son apparente sérénité.

Il s'est pourtant passé là quelque chose qui n'est pas très clair. Je sais quel est son courage, et je suis péniblement surpris de cette détermination. Il me semble que, si

M. Reboul avait été libre d'agir, quelque grave que soit son mal, il serait resté jusqu'à la fin, jusqu'à la mort.

On me dit bien que, se sentant trop atteint, il n'a pas voulu, par patriotisme, conserver la terrible responsabilité de l'administration départementale dans de semblables conditions. Pourtant, je sens que ce n'est pas cela, que d'autres considérations ont dicté cette mise en disponibilité. On saura plus tard. Aujourd'hui, les événements nous poussent et je n'ai même pas le loisir de donner ma pensée aux regrets de ce départ.

Nous perdons, c'est certain, un ami courageux, auquel me lie une chaude affection.

C'est M. Léon Mirman, directeur de l'Assistance publique, qui remplace M. Reboul. Assurément, M. Mirman, qui a la réputation d'un homme d'action, et que l'on assure dépourvu de tout esprit de routine, dirigera comme il convient nos affaires publiques. Il aura fort à faire, car il lui sera d'abord nécessaire d'étudier l'esprit des populations lorraines, de s'en inspirer plutôt que de l'inspirer, et de chercher au milieu de la mêlée quels sont les besoins de notre département, et des départements que nous allons retrouver.

Ma foi, on est dans la bataille, et tout le monde — car il n'est plus de partis — s'ingéniera à servir la Patrie en aidant le préfet.

Au surplus, il arrive à un moment favorable, et les dieux le protègent puisque nos soldats ont reconquis Mulhouse. Aucun homme n'est entré en Lorraine par une porte aussi triomphale.

La population, enthousiasmée par l'heureuse nouvelle de nos victoires, est partie dans la soirée vers les champs. Non point pour prendre l'air, mais pour porter des provisions aux soldats, réservistes ou territoriaux de Nancy, qui sont encore au cantonnement dans les environs.

L'après-midi, la ville est à peu près déserte.

Les femmes qui n'auront pas rencontré les maris, les mamans qui n'auront pas rencontré les fils, les gosses qui n'auront pas rencontré les papas, n'en reviendront pas moins avec les yeux illuminés de bonheur et les joues rouges de la promenade à la campagne. Tout est bien qui finit bien.

J'ai pourtant terminé ma journée sur une fâcheuse impression.

Un de nos amis, qui connaît bien le pays d'Alsace, est venu ce soir au journal. Sa figure n'était pas radieuse.

— Eh bien! lui ai-je dit en lui tendant les deux mains, mauvais citoyen, vous n'êtes donc pas content, que vous ne laissiez pás percer votre joie?

Doucement, tristement aussi, il m'a répondu :

— Je me méfie.

Comme je souriais de cette parole, il a expliqué :

— Je me méfie parce qu'il me semble impossible que les Allemands nous laissent ainsi pénétrer en Alsace sans l'avoir défendue. Je connais leur organisation militaire autant qu'on puisse la connaître, et je ne comprends pas. Quand je ne comprends pas quelque chose, je me méfie toujours.

— Pourtant...

— Oui, je sais bien. Nous y sommes. Nous sommes à Mulhouse. Nous serons incités à marcher de l'avant. Ne marcherons-nous pas trop vite? La facilité avec laquelle nous sommes entrés en Alsace ne nous amènera-t-elle pas à commettre quelque imprudence fatale?

Je n'ai pas voulu en entendre davantage. Ces bruits pessimistes m'agacent. Je les supporte difficilement. J'ai coupé court en déclarant :

— Je ne vois qu'une chose, c'est que nous avons Mulhouse, et il est difficile de croire que ce soit avec le consentement des Allemands.

Mon ami m'a regardé avec mélancolie et est parti.

Je vous assure d'ailleurs que cette conversation n'a pas diminué ma confiance. Elle a seulement un peu réduit ma joie, que je ne pouvais contenir.

Enfin, voilà, nous avons Mulhouse, et bientôt vous serez ici avec moi.

Je vous attends.

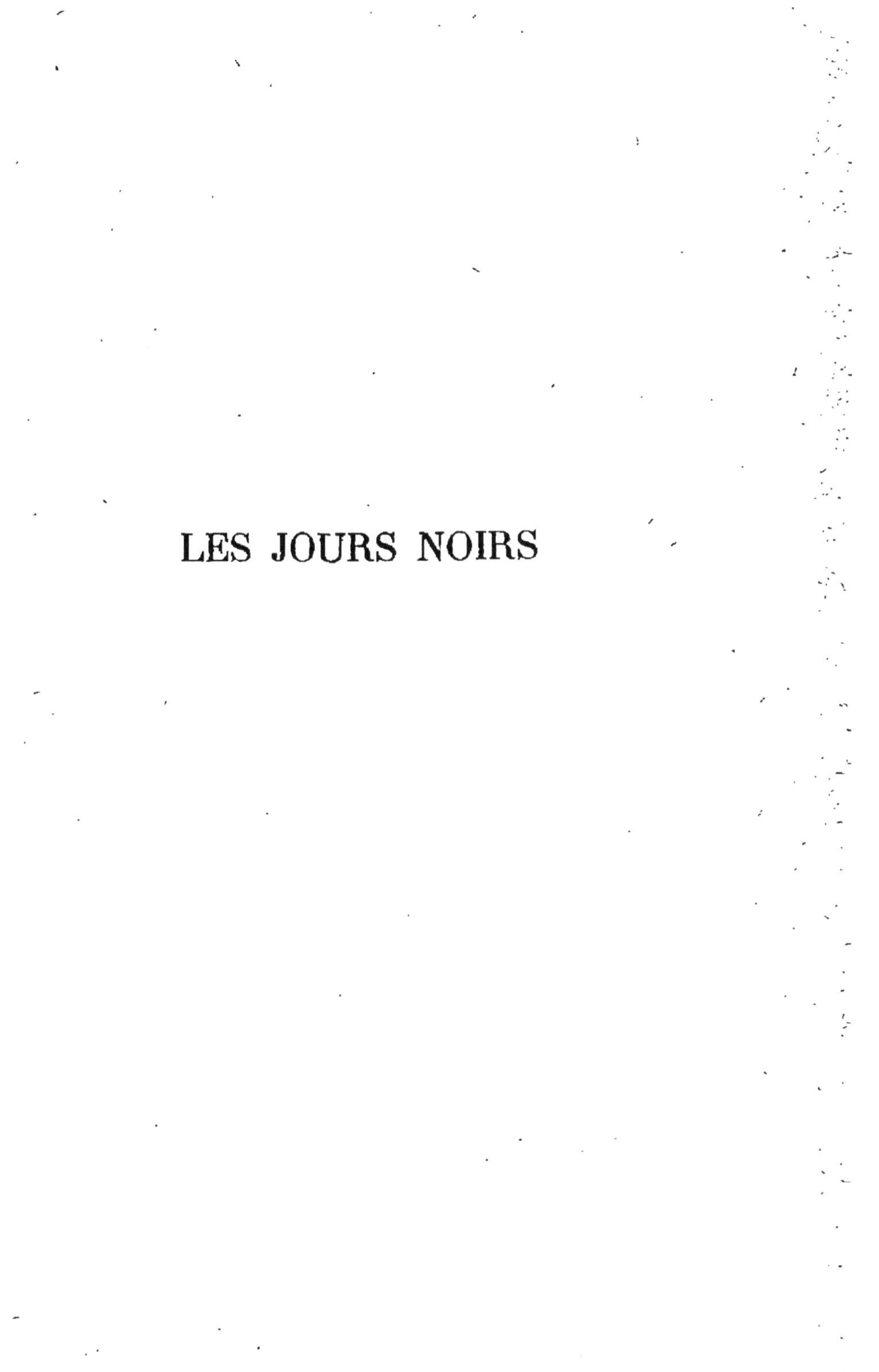

LES JOURS NOIRS

Nancy, 10 août 1914.

Les directeurs de journaux ont été invités ce matin à passer à la préfecture, où, après une fort longue attente dans l'antichambre, ils ont été reçus par le nouveau préfet, M. Léon Mirman.

Ah! ce n'est plus l'enthousiasme d'hier. Il n'est plus question de se réjouir sans réserve, car si nos troupes vont admirablement en Alsace, les nouvelles de la Belgique et du nord de la France ne sont pas très rassurantes.

M. Mirman nous a fait un juste éloge de son prédécesseur, M. Reboul, que la maladie a terrassé et qui a montré, en cédant ses pouvoirs et sa fonction, une superbe abnégation patriotique.

« Je vous ai priés de passer, Messieurs, pour vous faire connaître mes impressions et pour vous mettre au courant, dans la mesure où je le puis, des événements du jour.

« Il ne faut point se faire de trop faciles

illusions. Certes, la France vaincra. J'ai la certitude — permettez-moi de me rappeler que j'ai été professeur de sciences — la certitude mathématique de la victoire française. Cela ne saurait être mis en discussion.

« Mais, avant d'arriver à cette victoire, nous aurons de rudes épreuves à traverser, de cruels combats à soutenir. Il faut que la population reste calme et confiante. Il faut qu'elle ne s'énerve pas. Il faut qu'elle ne soit pas surexcitée par des victoires partielles, afin de n'être pas déprimée par les défaites éventuelles.

« Vous pouvez beaucoup pour maintenir cet équilibre de l'esprit public. Je suis sûr que votre patriotisme vous dictera en toutes occasions les paroles qui conviennent, et je sais que je n'ai pas besoin de solliciter votre concours, puisqu'il s'agit du salut de notre pays.

« Parlons net. Il n'est pas impossible que les Allemands gagnent une grande bataille dans le Nord, qu'ils s'approchent de Paris, qu'ils assiègent Paris, qu'ils brûlent Paris. Il n'est pas impossible non plus que Nancy tombe en leur pouvoir. La France ne sera pas vaincue. La guerre continuera, et le dernier mot, c'est nous qui le prononcerons. Une ville conquise, surtout si cette ville est la capitale de la France, c'est un événement douloureux. Ce n'est pas le désastre, ce n'est pas la fin. Tant qu'il restera des Français capables de se battre, notre pays vivra. Et le jour où les Allemands entreraient ici, je reprendrais mon uniforme de chasseur, et j'irais faire à mon tour le coup de feu.

« D'ici que la victoire nous soit acquise, votre devoir est, vous le savez, d'affermir les caractères, de tremper les cœurs pour les épreuves possibles, probables.

« Pour moi, je considère comme le plus grand honneur de ma vie d'avoir été appelé, dans les circonstances présentes, à partager vos dangers et à vous apporter mon expérience, mon travail et mon cœur. »

J'ai dit que notre besogne était facile. Les populations lorraines, habituées par tradition aux cruautés des invasions, ne sont pas aisément impressionnables et possèdent un stoïcisme que nous n'avons nullement besoin d'encourager. Leur vaillance est naturelle. Nous ne les guidons pas. Nous les accompagnons seulement.

Nous sommes sortis de la préfecture avec une âme un peu inquiète. Pour que le préfet envisage le siège et la prise de Paris et qu'il nous prie d'enrayer un peu la joie de la victoire d'hier, c'est que nos affaires ne sont pas aussi brillantes que nous le croyons ici, dans l'ignorance de tout ce qui se passe hors de chez nous.

Je commence à regretter l'autorisation que je vous ai donnée de rentrer à Nancy. Baste! ne pensons pas à cela, ne regrettons rien. Ce qui est fait est fait. Ce qui arrivera est écrit. Nous verrons comment nous devrons agir si pour nous advient le moment de l'action.

En attendant, nous avons un joli fait d'armes, qui rappelle les époques héroïques de la chevalerie : c'est l'affaire de Réméréville.

Mory a rencontré à la gare un des héros, le lieutenant Bruyant, et m'a fait le récit que voici :

Vers 3h30 de l'après-midi, le lieutenant Bruyant, avec sept hommes, — et non quinze, comme on l'avait dit tout d'abord, — dont le sous-officier Portec, deux brigadiers et quatre cavaliers, faisait une reconnaissance dans les environs d'Erbéviller. Soudain, il aperçut une patrouille allemande.

Son premier mouvement fut de foncer sur elle. Mais la distance était trop grande et la force de la patrouille allemande était bien supérieure en nombre ; on compta vingt-sept cavaliers, dont un officier.

La prudence s'imposait. Il convenait de refréner les ardeurs, et ce ne fut pas le moins difficile pour l'officier français que d'empêcher ses hommes de charger tout de suite, sabre au clair. Un premier contact eut lieu, un cavalier allemand tomba. Les autres s'enfuirent, car les Allemands ne paraissaient pas avoir le moins du monde envie de se mesurer avec nos cavaliers. Au lieu de faire face, vingt-sept contre sept, il commencèrent par se défiler sous bois.

Nos cavaliers les serrèrent de près. Il s'agissait de ne pas lâcher la proie. Quand notre groupe de braves prit le galop, les Allemands prirent le galop. Quand ils partirent au trot, puis au trot allongé, les uhlans firent de même.

Enfin, les Allemands s'engagèrent dans une tranchée qui mène de Réméréville à Velaine-sous-Amance. Ils cherchèrent à gagner le bois, pour mettre entre eux et les nôtres un obstacle infranchissable. Il était temps d'agir.

— Chargez ! commanda le lieutenant Bruyant.

Et nos sept cavaliers partirent comme une trombe.

Les Allemands s'étaient, de leur côté, mis en bataille.

La mêlée fut courte... D'un coup de sabre sous le ceinturon, le lieutenant Bruyant désarçonnait le lieutenant allemand, qui s'apprêtait à lui brûler la cervelle avec son revolver lorsqu'il reçut le coup mortel à la gorge.

Un dragon tuait un uhlan d'un coup de lance. Six autres Allemands, désarçonnés et blessés, craignant d'être achevés, comme ils l'ont avoué, s'apprêtaient à se servir de leur carabine, tandis que leurs autres camarades battaient en retraite à toute bride. Les blessés furent mis dans l'impossibilité de continuer la résistance.

Le lieutenant Bruyant prit les papiers du lieutenant allemand mort, pour les remettre à l'état-major.

Et j'ai mis ce tableau de guerre hardie en regard du tableau que vous me faites de la guerre en Bretagne.

Je vois fort bien vos jeunes Anglaises et vos Anglais en villégiature se faire inscrire pour la moisson, se lever tôt et partir rayonnants de joie sous le soleil, vers les champs où les paysans les regardent d'un air grave.

Ne vous énervez pas dans l'attente là-bas. Et, ma foi, s'il faut un dérivatif à vos angoisses, prenez une faucille et un râteau.

Mais j'y songe, — vous serez ici peut-être demain.

Nancy, 11 août 1914.

Le nouveau préfet, M. Mirman, vient de lancer une proclamation.

Il dit que c'est pour lui une joie et une fierté indicibles d'avoir été appelé à l'administration de ce département frontière.

Il nous apporte une foi ancienne et profonde, que « rien » ne saurait ébranler, dans les destinées de la France, et aussi ce qu'après la France il chérit le plus : sa femme et ses six enfants qui seront demain près de lui.

Je pense que vous aussi vous allez être bientôt près de moi. Et je ne suis pas très certain d'avoir bien fait en vous permettant de revenir. A quoi bon regretter ma décision? Le moment n'est pas à l'incertitude. Nous verrons bien...

Je commence à être inquiet, mais je me garde bien de le montrer. Nous n'avons plus aucune nouvelle de Mulhouse, et les communiqués se sont tus subitement. Si, cependant : une note annonce à la dernière heure que les troupes françaises se sont retirées légèrement en arrière de Mulhouse. Mon ami alsacien aurait-il vu trop juste?

Dans la ville il y a comme une dépression, pas très forte à la vérité, visible pourtant. C'est curieux comme les foules sentent à de prodigieuses distances la répercussion des événements graves. Qui voit Nancy après l'avoir vue avant-hier éprouve une espèce de gêne obscure. J'éprouve cette gêne aussi.

Après tout, ce n'est qu'une sensation irraisonnée, et je réagis tant que je peux en souriant.

— Et ces nouvelles? me demande-t-on.

— Très bonnes.

— Oui, mais le léger recul?

— Ce n'est rien. Vous comprenez qu'on ne peut pas rester dans une ville si on risque de la faire bombarder. C'est seulement pour cette raison que les Français sont partis de la cité conquise.

Chacun a tellement le désir de croire à la destinée heureuse qu'il s'en va convaincu.

Quand on songe d'ailleurs qu'il était bien entendu pour nos meilleurs critiques militaires que Nancy serait au pouvoir de l'ennemi dès le début de la guerre, et qu'au contraire les troupes françaises ont déjà campé à Mulhouse, on aurait mauvaise grâce à faire la moue.

Il passe des troupes innombrables. Partout on se précipite pour offrir à boire à ces héros poussiéreux. Des bocks, des demis, des litres de vin. On dirait qu'on tire tout cela d'une cave inépuisable. Gaiement, le soldat prend le verre, le vide, envoie un merci de la main et rejoint son régiment en courant pendant que la gamelle tinte contre les outils sur le sac.

C'est un défilé discontinu dans tous les sens.

Les malins cherchent à savoir si l'on va vers la frontière lorraine ou vers quelque autre. Les troupiers l'ignorent. Et leur entrecroisement ne permet pas non plus de deviner.

Nous apprenons que les Allemands ont brûlé samedi dernier, 8 août, le petit village d'Affléville, dans le pays de Briey, mais nous n'avons que des renseignements assez vagues.

J'éprouve aujourd'hui comme une grande lassitude. On dirait qu'un vent mauvais souffle sur nos enthousiasmes tout chauds et les refroidit.

Je n'ai plus le cœur, en cette fin de journée, de rien noter.

A bientôt.

Nancy, 12 août 1914.

Je crains que vous n'arriviez à Nancy assez difficilement. Ce matin le canon tonne très fort du côté de Pont-à-Mousson, ce qui pourrait créer bien des embarras sur la ligne. D'autre part les transports de troupes affluent et occupent les voies.

J'ai reçu un télégramme de notre ami Desplas, qui demande de vos nouvelles. Je lui ai de suite répondu et lui ai promis que nous irions le voir après la guerre et la réorganisation du journal. Ce sera en hiver probablement, car je veux d'abord faire avec vous un pèlerinage à Metz et à Strasbourg, quand Metz et Strasbourg seront à nous.

J'apprends, en effet, que l'Inspection des chemins de fer projette déjà un raccordement pour Château-Salins, en Lorraine annexée. C'est aller vite en besogne, mais je comprends ça très bien.

On s'attend pour demain ou après-demain à deux grands chocs, l'un dans les plaines de Belgique, sous Liége, l'autre en Alsace, vers Colmar. Deux nuits et deux jours, les trains n'ont cessé de débarquer des régiments. Nous avons probablement ici cinq cent mille hommes, tous admirables d'entrain et de gaieté, qui viennent à la bataille comme à une joyeuse fête.

On prépare des logements pour les troupes qui vont suivre. Vous serez là pour voir cette chose que jamais, je le souhaite, personne ne verra plus.

Les Allemands se sont présentés devant Longwy, qu'ils ont sommé de se rendre. Le commandant a refusé.

Aussi bien, l'explication du Gouvernement sur l'affaire de Mulhouse a mis un peu de baume sur les cœurs.

Il paraît qu'il y avait nécessité stratégique à ne point séjourner dans la ville, et que les Allemands ne nous en ont point chassés, puisque eux-mêmes n'y ont pas pénétré. Mon inquiétude d'hier s'est apaisée, et je suis tout à fait mieux.

Le préfet, qui veut connaître le pays, a fait un tour du côté de Lunéville, dans les villages. Il a visité les hôpitaux.

A Nancy, dans beaucoup de familles on s'est ingénié à préparer des lits pour les blessés qui nous seront envoyés. L'autorité a remercié la population, mais n'a pas accepté les offres pour l'instant, estimant que les médecins ne pourraient pas soigner nos soldats disséminés dans tous les coins de la ville. Les braves gens qui avaient si soigneusement, si fraternellement, aménagé les dodos blancs montrent un désappointement qui fait peine.

La municipalité s'occupe des enfants en bas âge, à la subsistance desquels les mères ne sauraient pourvoir à cause du départ des papas.

On ne sait plus ce qu'est la méchanceté. Les yeux ne reflètent que des sentiments très purs et très hauts. C'est une humanité régénérée, comme un peuple divin. Mon Dieu! que l'on assiste à de belles choses! Malgré l'affectueuse indulgence que j'ai pour mes compatriotes, je n'aurais jamais cru que le cœur humain un jour se gonflerait de tant de noblesse naturelle.

N'était le bruit constant du canon et l'incessant passage des troupes, et la fièvre de toute la cité, on ne se dirait pas en guerre. Les Nancéiens ne manquent de rien. Leur marché est approvisionné comme d'habitude. Le pain est à quarante centimes le kilo.

Et, merveille des merveilles, des commerçants continuent à faire de la publicité dans les journaux. Il est vrai que cette publicité est d'un caractère nouveau, puisqu'elle annonce que telle et telle maison est réorganisée pour le service des clients. Elle prouve en somme que le commerce reprend son élan interrompu par le départ des patrons, des employés et des ouvriers. Je trouve cela très robuste et très élégant, — très français.

J'ai reçu ce matin, par une chance à laquelle je ne m'attendais guère, le numéro du 4 août de l'*Indépendance Luxembourgeoise*, que dirige notre ami Marcel Noppeney, et qui contient de précieux renseignements sur l'invasion du Luxembourg par l'armée allemande.

Et je me rappelle avec une grande tristesse les conversations angoissantes que, au milieu des fêtes de là-bas, sur la terrasse du Casino, dans les salons splendides de l'Hôtel de Ville, j'avais, voilà à peine deux mois, avec le ministre d'État Eyschen et ses amis luxembourgeois, avec M. Mollard, ministre de France, et l'exquis conseiller d'Amoville, qui sont, les uns prisonniers de l'ennemi, les autres à Paris sans doute, et que je ne reverrai peut-être plus.

Et je me rappelle aussi qu'un soir de grande réjouissance, pendant qu'on nous acclamait sur la place d'Armes de Luxembourg, que l'on jouait la *Marseillaise* saluée de bravos interminables, et que l'on reprenait en chœur l'hymne luxembourgeois: *Nous ne voulons pas être Prussiens*, les Allemands, qui glorifiaient je ne sais quel anniversaire, défilaient honteusement dans les rues obscures, au pas de parade, au claquement sec de leurs tambours plats, au sifflet aigu de leurs fifres.

Les beaux jours reviendront pour nos amis du Luxembourg. Ils reviendront. Et les Allemands ne pourront plus mettre les pieds au pays souriant des roses merveilleuses.

Mais quelle torture ce doit être que la brutale présence des envahisseurs! Quelle torture pour les Français qui sont restés là-bas par devoir et les Luxembourgeois qui scandaient avec tant d'énergie : *Nous ne voulons pas être Prussiens!*

Voici que la nuit est venue, calme et claire. De la rue monte une rumeur paisible, comme de promeneurs qui causent sans passion.

Je me suis mis à la fenêtre, et j'ai vu que les gens vont et viennent avec une tranquille assurance que ne trouble pas le grondement de l'artillerie, qui cependant fait rage vers Pont-à-Mousson.

Nancy, 13 août 1914.

Je sais maintenant pourquoi le canon rugissait si fort, hier, du côté de Pont-à-Mousson. Les Allemands bombardaient la ville.

Ce matin, on m'a apporté le culot du premier obus de 150 qui est tombé sur la poste. C'est une jolie pièce, qui doit faire des ravages terribles. Des centaines d'obus ont blessé et tué des habitants et ont démoli plusieurs maisons. Le collège et l'hôpital ont été assez gravement atteints.

Voilà donc que les Allemands se mettent à bombarder nos villes ouvertes.

L'indignation à Nancy est formidable. Certaines gens pensaient encore que la guerre était un jeu loyal, avec des règles établies, que personne n'oserait transgresser. Les Allemands montrent qu'ils ne connaissent point de limites à leur action, et qu'ils font simplement, cruellement, ce qui leur paraît nécessaire.

Il faudra bien s'habituer à ces nouvelles conceptions, quand nous aurons fini de nous en étonner, et les adopter à notre tour, bon gré mal gré, si nous ne voulons pas être battus. Il ne s'agit pas de vaincre dans les règles, mais de vaincre, sans plus.

Toutes les éloquentes vitupérations n'empêcheront pas les soldats ennemis de bombarder les buts, quels qu'ils soient, qui leur seront indiqués. C'est atroce, c'est ainsi.

On s'est enfin décidé à nous donner des bons municipaux de cinq, deux et un franc. La crise de la monnaie était très désagréable. Avant d'entrer dans un magasin, on était obligé de compter les pièces et les sous que l'on avait dans son gousset. On se privait souvent d'un achat parce qu'on n'avait pas l'appoint nécessaire et que l'on craignait d'être renvoyé par le marchand avec des paroles sévères.

Voilà qui réduira la gêne générale.

Ce soir, à minuit, la télégraphie privée sera suspendue pour les départements de Meurthe-et-Moselle et des Vosges. Tout le réseau électrique, télégraphie et téléphonie, nous dit une note officielle, est passé aux mains de l'autorité militaire. Seuls les services et postes publics peuvent encore téléphoner entre eux.

Un retard de quarante-huit heures est imposé à toute la correspondance postale.

L'Administration des Postes nous annonce aimablement qu'elle « s'efforcera » d'acheminer les journaux dans les directions sur lesquelles les trains marchent encore. Elle ajoute que ce n'est pas le cas pour l'arrondissement de Briey.

Ces résolutions nous préparent des jours difficiles, où l'activité la plus énergique ne donnera qu'un médiocre rendement. Bah! tout cela n'est rien, puisque ce n'est pas éternel.

Les sentinelles ont un peu de nervosité, et il est dangereux de ne pas s'arrêter net à leur première injonction.

Vendredi dernier, un automobiliste, n'ayant pu bloquer sa machine aussitôt après la sommation d'un factionnaire, à l'entrée de Lunéville, a reçu une balle dans la tête.

Je reçois quelques détails sur le bombardement de Pont-à Mousson. Hier, mercredi, à 9h30, des pièces de fort calibre, qui avaient été amenées sur les hauteurs d'Arry et de Bouxières-sous-Froidmont, ont ouvert un feu violent, principalement sur le quartier Saint-Martin, où se trouvent le nouvel hôpital et le collège.

Un obus a tué une femme et trois enfants.

Des personnes de Pont-à-Mousson se sont réfugiées à Nancy. C'est par une d'elles que j'ai eu cet abominable détail.

M. Mirman s'est rendu dans la ville bombardée. Il a présidé une séance extraordinaire du Conseil municipal et a visité les établissements hospitaliers ainsi que les personnes blessées.

Il est allé ensuite dans quelques communes des environs et a félicité les maires.

On avait parlé de plusieurs centaines d'obus. Maintenant on rectifie le chiffre. Il en est tombé quarante-cinq, officiellement.

Il est des gestes qui ont sur les masses une influence considérable, parce qu'ils sont d'un symbolisme rudimentaire, facilement intelligible. En voici un qui a eu une portée énorme sur les esprits.

Des brancardiers ont rapporté en France sur leurs épaules le poteau frontière de Bioncourt.

Ce n'est rien, cela. Cela fait plus d'effet auprès de certains qu'une victoire réelle.

Ainsi nous sommes ballottés entre les informations les plus caressantes, comme la prise de Mulhouse, les plus déprimantes, comme notre évacuation de la cité pour un jour conquise, les plus atroces, comme le bombardement de Pont-à-Mousson, — si proche de Nancy ! — et les plus douces, comme le transport en France, sur les épaules des brancardiers, d'un poteau frontière allemand.

Et nous continuons à avoir le sourire parce que nous donnons toujours la première place aux faits qui nous sont le plus agréables.

Notre calme narquois, à peine troublé de temps en temps, est composé des satisfactions que nous donnent les nouvelles les meilleures.

Le télégramme de Spohn me fait prévoir que vous arriverez d'un moment à l'autre.

Je vous attends à n'importe quelle heure du jour ou de la nuit. La maison n'est jamais fermée. On y travaille sans répit.

Nancy, 14 août 1914.

Mon cher ami,

Ma petite famille vient de rentrer à Nancy. Oui, je sais que tu me désapprouves d'avoir commis cette imprudence, et je ne suis pas bien sûr d'être d'accord avec moi-même.

Enfin elle est rentrée. Et pendant qu'elle repose, je viens, mon cher ami, mettre en ordre pour toi — et pour moi aussi plus tard, si tu veux bien conserver les lettres que je t'écrirai quotidiennement — les impressions de la journée.

Après une nuit assez calme et une matinée fort mouvementée dans le travail du journal, je m'étais assis à la terrasse d'un café à côté. Quelques amis y étaient déjà qui attendaient les nouvelles, car à toute heure du jour et de la nuit on attend — et on entend — des nouvelles.

Je savais par un télégramme que ma famille était partie de Bretagne. Mais quand arriverait-elle? Ou même pourrait-elle arriver, et ne serait-elle pas arrêtée en route?

On est devenu tellement fataliste, et l'on est si profondément préoccupé par l'immense événement que le souci des miens était comme noyé dans la multitude de mes autres soucis.

Tout d'un coup des bras m'étreignent, et j'entends des voix chères, des exclamations sans suite, infiniment joyeuses.

Ma femme et ma fille étaient là, qui m'embrassaient. Elles étaient accompagnées de mon collaborateur parisien, Charles Spohn, qui n'avait pas voulu les abandonner seules, parmi le tohu-bohu général, au milieu des difficultés qui surgissaient à tout instant.

Tout ce monde-là, babillant, précipitant les exclamations, se réjouissant de voir du soleil, de constater une animation insoupçonnée dans cette brave cité qu'on se représentait désolée, faisait un tapage de tous les diables dans lequel j'essayais de discerner une narration du voyage.

J'ai enfin compris qu'on était parti de

Dinard dès ma dépêche reçue; qu'on était resté dans le train, en tas, pendant des heures, des heures, encore des heures; qu'on n'avait mangé que grâce à l'amabilité de quelques soldats, qui avaient cédé un peu de pain; qu'on était enfin parvenu à Paris dans un état lamentable.

— Nous avons quitté Paris le lendemain, me dit Spohn. Quelle cohue! On m'a déclaré à la gare que nous n'étions pas certains d'être convoyés jusqu'à Nancy. Je vous ai donc télégraphié à tout hasard de venir en auto nous prendre à Commercy.

— Télégraphié? Bon. Je recevrai sans doute le télégramme un de ces jours. Quant à vous aller prendre en auto, songez d'abord qu'il n'y a plus d'autos pour les civils, ensuite qu'il est interdit d'aller plus loin, même à pied, que l'octroi. Nous sommes par ordre forcés de tourner dans les limites de la ville.

— Enfin! Nous avons bien vu que vous n'étiez pas là. A force de rouler, de stationner, de manœuvrer, nous avons gagné Toul. Là on nous a fait descendre de voiture, on nous a enfermés dans une salle d'attente. Pas un voyageur n'avait le droit de sortir, même pour se rendre aux cabinets, sans être accompagné par un factionnaire, baïonnette au canon. Naturellement, pas de buffet. Rien à manger. Encore une fois nous avons été sauvés de la misère par la cordialité d'un militaire qui nous a cédé un croûton de pain. Nous sommes restés quatre heures là, sans bouger.

—Et voilà! ajoute ma femme. Nous sommes arrivés. Ah! mon Dieu, que je suis contente, que je suis contente!

A ce moment passait devant nous une rame de tramways. Des blessés étaient assis ou étendus sur les bancs, la tête, le bras, la jambe enveloppés. On n'entendait pas une plainte. Le spectacle était si cruellement saisissant que tout le monde se tut et que les yeux s'embuèrent.

Les pauvres miennes n'étaient certes point belles. Avoir voyagé un jour et une nuit dans l'entassement, la fumée, la poussière, avec l'angoisse de ne savoir si l'on arriverait au bout du chemin, — car on ne leur avait garanti le transport que jusqu'à Commercy, — tout cela leur avait tiré les traits, sali les mains, dépeigné les cheveux, fripé les vêtements. Non, vraiment, elles n'étaient point belles. Mais si heureuses, si heureuses de se retrouver à Nancy que leur joie resplendissait en rayons dans leurs yeux.

— Vite, vite, allons nous débarbouiller, prendre un bain et manger quelque chose.

Les voilà dans la maison, parcourant l'appartement, furetant partout, trouvant tout beau, tout splendide, tout merveilleux. On eût dit qu'elles entraient dans un pays de rêve.

Maintenant elles sont couchées et dorment sans doute, leurs petits poings fermés.

Moi, je viens te conter tout ça pendant que la nuit sonore s'est écroulée sur les maisons et qu'elle bat aux fenêtres comme la rumeur imprécise d'une mer lointaine.

Je suis bien content, moi aussi, de savoir que mes chéries sont auprès de moi. Pourtant, j'ai dans le cœur une sourde piqûre, comme d'un remords d'avoir été faible et d'avoir accepté de leur courage angoissé un retour que je désirais et que je ne voulais pas.

J'avais vu ce matin des Français, des Belges, des Russes, que les Allemands avaient expulsés de Metz, et toute la journée nous avons entendu le canon, toujours du côté de Pont-à-Mousson.

De plus, les dépêches officielles se sont tues brusquement sur l'affaire de Mulhouse.

Ne nous créons pas d'appréhensions inutiles, et allons dormir. Il est tard, et je suis un peu brisé par les émotions d'aujourd'hui.

A demain, mon cher ami.

Nancy, 15 août 1914.

Je t'ai indiqué qu'un millier de Français et d'étrangers, expulsés de Metz par les Allemands, étaient passés à Nancy, où quelques-uns se sont arrêtés. Ils nous ont apporté les nouvelles les plus curieuses.

Dimanche, dans la nuit, on les faisait lever et on leur signifiait l'arrêté d'expulsion. Ils étaient ensuite dirigés vers la gare avec leur baluchon hâtivement bouclé.

Les Allemands leur avaient affirmé que Pont-à-Mousson était brûlé et qu'ils étaient entrés à Nancy.

On fit descendre les expulsés à Novéant, et on les mit sur la route d'Arnaville, où on les abandonna à leur sort.

En approchant des lignes françaises, ils agitèrent leurs mouchoirs et purent passer.

Ils se sont aperçus avec joie que Pagny était toujours en France, que Pont-à-Mousson vivait toujours, et se réjouissent avec nous de constater que Nancy n'a encore vu d'Allemands que ceux qui ont été capturés par nos soldats.

Pont-à-Mousson vit toujours, c'est vrai, mais sous la mitraille.

Hier, vendredi, de 4 heures du matin à 6 heures, deux cents obus sont tombés sur divers points de la malheureuse cité.

Une fillette a été tuée. Il n'y a pas eu de blessés. Tous les habitants s'étaient réfugiés dans les caves.

Une dizaine de maisons ont été endommagées. L'hôpital est à peu près détruit.

En ville on parle d'une foule de victimes. Il est certain que, dans le silence mystérieux où on nous laisse, les exagérations ont une portée aussi puissante que celle des canons.

Pagny a reçu aussi une soixantaine d'obus, qui ont démoli sept maisons.

On m'a donné ce matin, en communication, une lettre que je recopie pour toi et qui te montrera à la fois la bestialité allemande et la tranquille bravoure de nos populations lorraines. Cette lettre raconte l'incendie de Vaucourt.

La voici :

Lunéville, le 13 août 1914.

Mon cher A...,

Je suis arrivée hier à Lunéville, à 9 heures du matin, avec maman et nos deux enfants. Si tu avais vu comme nous étions arrangés, tout sales et mouillés de rosée !

Nous nous sommes sauvés à 10 heures du soir.

Ce n'est pas aujourd'hui que je peux te raconter le mal que nous avons enduré. Mon pauvre Vaucourt est tout en cendres. L'église aussi. Les monstres de Prussiens ! Ils nous ont pillés de tout. Ils nous ont mis le revolver sur la gorge. Nous étions tous du village à avoir les sueurs de la mort. On se voyait mourir. Oh ! mon pauvre Vaucourt !

Les uhlans étaient arrivés mardi à 9 heures du matin, autant qu'il y a de feuilles au bois. Il y avait à peu près vingt petits chasseurs en haut du village pour tous ces uhlans. Tu vois nos pauvres soldats, les morts sur les champs de blé !

Nous étions aux champs. Quand nous sommes rentrés, les Prussiens étaient là, au milieu du village. Grande bataille atroce. Ils ont pris le pauvre père Boileau, et ils ont aussi emmené notre père comme prisonnier à Sarreguemines. Papa nous faisait pitié. Il ne pourra pas supporter cela. Il étouffera avant.

Je ne puis t'en dire plus long aujourd'hui. Ne te décourage pas, pourtant.

Les uhlans ont alors brûlé une partie du village, puis ils ont attendu que tout le monde soit couché pour revenir incendier le reste.

Une minute de plus, et nous brûlions au lit. Heureusement, les enfants n'étaient pas déshabillés.

Nous sommes partis, trente personnes du village. Je me suis retournée pour regarder ma pauvre maison. Toutes nos bêtes ont été brûlées vives.

Nous sommes comme l'escargot. Plus rien !

Nous avons fait douze heures dans les bois, tous les quatre. Nos pauvres enfants n'ont jamais dit qu'ils étaient fatigués.

J'espère que tu reviendras avec nous. Bon courage.

N'est-ce pas que cette vaillance qui s'exprime avec une telle sobriété, et que montre ainsi une jeune mère de famille, est digne des plus beaux traits de l'antiquité ? Qui dira jamais ces héroïsmes obscurs ? Qui glorifiera comme il convient la femme de France ?

Nancy est un peu inquiète. Les obus de Pont-à-Mousson la tracassent. La foule, qui a besoin de soulager ses nerfs, apaise sa colère en poursuivant ceux qu'elle soupçonne d'espionnage.

Tout est bon pour les passants, pourvu qu'ils s'imaginent donner des poings contre les Allemands et rendre service au pays.

Or il y a parfois des erreurs.

On a tout à l'heure failli faire un mauvais parti à une très honorable dame qui passait sans songer à mal, dans la rue Saint-Jean, et qui avait été signalée, on ne sait pas du tout pourquoi, à la police comme un espion déguisé.

Si un magasin ne l'avait vivement accueillie, il lui serait arrivé quelque grave accident.

Quand l'agent qui avait procédé à un interrogatoire est venu dire à qui on avait affaire, les énergumènes ont fait demi-tour avec une honteuse précipitation. Ils ne se vanteront pas de leur erreur. Seront-ils à l'avenir plus prudents? J'ai des doutes.

Je viens de recevoir et j'ai lu avec un intérêt passionné les *Pages d'Histoire,* — le *Guet-Apens,* la *Journée du 4 août,* — qu'édite la librairie Berger-Levrault.

Ces *Pages,* que l'on parcourt aujourd'hui avec fièvre, seront d'une utilité considérable aux écrivains qui, plus tard, voudront écrire l'histoire documentée de la guerre qui commence, — et qui sera terminée quand?

Ma famille s'est éveillée ce matin dans le ravissement. Elle veut se rendre utile et en cherche les moyens.

Je crois bien que Renée est déjà engagée à faire de la charpie ou à coudre des pansements avec ses camarades du lycée Jeanne d'Arc.

C'est parfait. Je n'ai pas une confiance illimitée en les services que peuvent rendre les jeunes filles dans les hôpitaux éventuels. Je me garde bien au surplus de proclamer ce scepticisme.

Nous nous portons tous bien, et n'attendons plus, pour avoir un large sourire, que des nouvelles, toujours espérées, de Mulhouse.

Nancy, 16 août 1914.

Cette journée de dimanche, mon cher ami, a été fort lourde d'angoisse, et l'on s'est traîné de rue en rue à la recherche d'informations, espérant toujours qu'on saurait quelque chose.

Les télégrammes nous ont annoncé qu'une affaire importante était engagée dans la région de Blâmont, Cirey, Avricourt, que Thann a été repris, que nos aviateurs ont jeté des obus à Metz sur les hangars de Frescaty où s'abritent les zeppelins. Ce n'étaient pas les nouvelles qu'on attendait, et l'on était fiévreux.

Dans les rues, des groupes fréquents. Autour de quelques nouveaux expulsés de Metz, arrivés ce matin, les gens s'assemblent et interrogent. Les femmes, surexcitées, crient sans raison.

Dans la rue Saint-Jean, une vieille Lorraine, une des plus anciennes ouvrières de la maison Moitrier, à Metz, raconte les misères du chemin.

— Ce qui nous crevait le cœur, dit-elle, à la frontière, c'est que nos enfants, beaucoup de nos enfants sont incorporés dans les régiments prussiens. Il paraît que, quand ils aperçoivent les Français, ils leur crient : « Ne tirez pas! Nous sommes vos frères! Nous sommes Lorrains! » Mais les Français peuvent croire que ce sont de vrais Prussiens qui crient ça... Quel malheur! « Ce qu'il y a de bon, c'est que les Prussiens reculent. On nous disait cependant qu'ils avaient pris Nancy. Quels menteurs! Lorsque nous avons connu la vérité à Arnaville, nous dansions, nous chantions, nous étions fous. »

Et la brave femme, qui est presque aphone, conclut en souriant :

— Excusez-moi. Je ne peux plus parler. Nous avons tant chanté la *Marseillaise*.

Je suis gravement ému en entendant la bonne Lorraine, mais cela ne m'empêche pas d'être triste, triste comme dans le pressentiment d'un malheur. J'ai beau me secouer, je ne parviens pas à arracher la mélancolie de mon esprit.

Dans la soirée, la cité était abandonnée. Les familles partaient, comme tous les dimanches maintenant, vers les villages voisins, dans l'espoir de rencontrer les parents soldats. C'est peut-être cette absence de mouvement qui a raison non pas de ma confiance — elle est toujours entière — mais de ma sérénité.

Des blessés traversent la ville, installés dans les tramways, couchés dans les voitures d'ambulance, ou plus rudimentairement étendus sur des chariots cahotants. Ils n'ont pas mauvaise figure et saluent de la main les citoyens qui leur adressent de respectueuses paroles d'encouragement.

Le soir, j'ai appris par un artilleur blessé qu'avant de se retirer de Blâmont les Allemands avaient fusillé un cafetier et deux jeunes filles.

Non vraiment, ces sauvages ne se battent pas, ils assassinent. Quelles revanches nos soldats auront à prendre !

Je suis trop las pour t'écrire une longue

lettre, et j'ai le cœur trop serré. Je vais remonter chez moi, avec un sourire satisfait, et à toutes les questions je répondrai comme j'ai répondu tout le long de la journée :

— Ça va bien. Ça va même très bien.

Nancy, 17 août 1914.

J'ai eu hier la bonne fortune de serrer la main à un jeune Nancéien, qui revenait d'un terrible combat où il avait été blessé ainsi que son frère, mais pas très grièvement.

Il m'a fait un récit extrêmement coloré de la bataille, sans aucune prétention, comme quelqu'un qui, ayant assisté à un spectacle passionnant, le raconte avec tout le feu de son admiration.

Il avait encore des lueurs dans les yeux.

Trente heures il est resté avec sa compagnie sous un feu d'enfer, dans la rafale de la mitraille et des obus.

Il assure que les fantassins allemands sont de fort mauvais tireurs, que notre artillerie est infiniment supérieure à l'artillerie ennemie, et que nous devons avoir confiance dans l'issue victorieuse de la guerre.

Ces jeunes gens sont admirables. Ils respirent naturellement l'héroïsme et n'ont nul souci de la mort. Ils ne se réjouissent que dans l'action.

Les Allemands que l'on amène ici, blessés ou prisonniers, sont de deux sortes : les uns sont plats, tremblants, obséquieux, hagards comme des bêtes traquées. Les autres, les officiers, sont bouffis de morgue. Je me suis laissé dire qu'un de ces hobereaux, soigné à l'hôpital, grognait furieusement parce qu'on ne voulait pas lui donner une chambre « pour lui tout seul ». Non mais, et avec ça ?

On commence à avoir pour les prisonniers allemands un peu moins, beaucoup moins de sympathie apitoyée. C'est que nous venons de recueillir le lamentable cortège des habitants de Badonviller. Et si ce qu'ils rapportent est vrai — comment en douter à voir leurs faces terrifiées ? — l'Allemand n'est plus digne de l'humanité civilisée.

Pour ceux qui ne savent pas, mon cher ami, et qui sont près de toi, il est bon que l'on donne quelques détails.

Mercredi dernier, les Allemands entraient à Badonviller. Ils commandaient aussitôt d'ouvrir portes et fenêtres, et tuaient dès le premier moment la femme du maire qui obéissait à cet ordre.

Le maire, M. Benoît, voulut embrasser la chère victime. Un officier le jeta dehors sans lui permettre de terminer ce geste pieux.

Puis les brutes, prétendant que les civils avaient tiré sur eux, incendièrent la maison du maire et quatre-vingt-cinq autres habitations.

Ils tuèrent un facteur, brûlèrent sa maison où étaient son beau-père et sa belle-mère, fusillèrent un père et son fils devant la famille, et mirent, avant de se retirer, le feu à l'église.

En partant, ils emmenèrent une quinzaine d'habitants comme otages, gamins et vieillards.

Ils avaient déjà tout pillé et avaient chargé leur butin sur quatorze charrettes.

Crois-tu que cela est une guerre, que ce pillage, ces incendies, ces assassinats soient des actes de soldats? Non, ce ne sont pas des hommes, ces gens-là, ce sont des bêtes féroces.

A Blâmont aussi, d'après les dépêches officielles, ils ont assassiné trois personnes, dont une jeune fille et un vieillard de quatre-vingt-trois ans, M. Barthelémy, ancien maire.

Ah! s'ils avancent encore dans notre pauvre Lorraine, quelle dévastation, quel carnage!

Je ne sais pas si en ville on pense beaucoup à ces choses-là. On est tellement occupé à recueillir, à réconforter les malheureux réfugiés, qu'on n'a pas le temps de s'indigner. Ces soins sont aussi un dérivatif aux inquiétudes vagues. On aime mieux, dirait-on, assister à des horreurs précises que s'énerver en des incertitudes menaçantes.

On entend même des gens discuter sur l'interdiction de l'absinthe. Il semblerait pourtant qu'il y a dans le temps présent des choses autrement graves à redouter que la suppression d'un apéritif.

Les journaux de Paris qui nous arrivent

prédisent pour très prochainement la révolution en Allemagne, et estiment que la masse énorme des troupes russes va broyer la force militaire prussienne.

Je n'ai pas grande foi dans une révolution. Je connais un peu les Allemands et je ne vois pas du tout qu'ils soient disposés à faire un mouvement dans ce sens-là.

On aime bien mieux les prédictions, et j'ai publié aujourd'hui une amusette de ce genre qu'un lecteur m'envoie et qui est de Mme de Thèbes.

La « célèbre voyante » annonçait que l'année 1913 marquait la fin de notre décadence, qu'elle était l'occasion d'espoirs grandioses, de l'unanime élan d'un peuple vers les cimes.

Nancy est, toujours d'après la pythonisse, marquée pour un grand rôle. Mais que d'alarmes et de deuils dans la région de l'Est! Quel courage il faudra aux Lorrains dans la tourmente! D'innombrables Françaises sont penchées sur des blessés, sur des malades, et jusqu'au dehors des frontières se dévouent pour sauver leurs fils, leurs époux.

Ces faits, pour Mme de Thèbes, prenaient place de mars 1913 à mars 1914.

Comme nous n'avons eu la guerre qu'au mois d'août, il paraît difficile de faire trop de confiance à la sibylle. Les croyants ne s'embarrassent pas pour cela, et l'imagination trotte avec fureur autour de ces paroles curieuses.

Le peuple est toujours un grand enfant qui adore les contes mystérieux où les fées terrassent les horribles dragons.

Il est plus commode de croire que d'agir.

La nuit est venue avec le calme. Tout est fermé. Dans la rue, plus personne. J'ai terminé ma journée. Je vais monter chez moi, et je tâcherai tout à l'heure, en embrassant Renée, de ne pas me souvenir que les Allemands ont brûlé Badonviller, qu'ils y ont tué des femmes et des jeunes filles.

Oui, je tâcherai d'être souriant, et je le serai.

Mais j'ai une petite piqûre du côté du cœur, et je ne suis pas certain d'avoir bien agi en autorisant ma famille à revenir.

Adieu, mon cher ami, à demain.

Nancy, 18 août 1914.

Les nouvelles, mon cher ami, nous arrivent plus sinistres des villages qui ont été occupés par les Allemands, et c'est en ville comme une stupeur.

Le préfet est allé visiter les communes de Badonviller, de Bréménil, Parux, Cirey-sur-Vezouse, Frémonville, Blâmont, Domèvre.

Il en rapporte une impression épouvantable.

Je t'ai conté hier comment, à Badonviller, Mme Benoît, la femme du maire, avait été tuée au moment où, sur l'ordre des Allemands, elle ouvrait les fenêtres de sa maison, et comment les brutes qui se disent soldats avaient repoussé M. Benoît qui voulait embrasser le corps de sa chère femme.

M. Benoît, après que sa maison eut été incendiée, et qu'il eut subi les pires traitements, est resté auprès de ses administrés, veillant à tout, oubliant sa douleur pour accomplir son devoir et sauver ce que l'on pouvait sauver.

Fait prodigieux, il a même arraché à la colère populaire un Allemand qui avait été fait prisonnier lors de la retraite. Cet homme a une âme stoïque et fière.

A Bréménil, les Allemands ont fusillé un vieillard de soixante-quatorze ans qui fuyait sa maison en flammes, et brûlé dans leur propre domicile un blessé et sa mère de soixante-seize ans. Le maire, Camille Thiaumont, a reçu devant sa porte un coup de fusil qui lui a traversé l'épaule.

Sur les soixante maisons de Parux, quarante sont entièrement consumées, et on n'ose pas publier les crimes atroces qui ont été commis là.

A Blâmont, les Allemands ont assassiné plusieurs personnes, notamment M. Louis Foell, pillé et saccagé les maisons, emmené des otages.

Le préfet assure qu'il n'y a chez toutes ces populations aucun abattement, aucune défaillance. Je les connais, ces populations, je ne suis pas étonné de cette vaillance.

La lettre qu'on me communique fortifie cette impression. J'en transcris pour toi et les amis les passages caractéristiques.

Badonviller, 16 août.

Nous avons su hier votre tranquillité à Toul. Je ne t'ai plus écrit ces jours-ci et je n'ai rien reçu de toi non plus.

Nous sommes plus morts que vivants avec les saccageries que nous ont faites les Allemands, le feu dans les maisons, les personnes tuées, les maisons pillées.

Je sais que tu vas avoir beaucoup de peine. Douze personnes à Badonviller ont été tuées par leur fusillade, en plus des soldats. Ton père a reçu une balle dans le cou, et a été trouvé le lendemain par L. Mangin qui allait lui demander l'hospitalité, car chez Joséphine ils sont brûlés.

Tu penses le désarroi. Mme Benoît, Mme Marchal, et combien d'autres !

L'église est brûlée. Point d'enterrement, que la bénédiction de M. le curé sur la porte de son église.

Le téléphone ni le télégraphe ne marchent. Je n'ai pu prévenir ta sœur et ton frère. On leur a écrit le lendemain.

Gustave est parti avec beaucoup de gens de chez nous, et on ne sait où ils sont.

On a été enfermé à l'hospice une nuit, à la mairie, au château, et gardé le revolver sur le cou. Pendant ce temps, les maisons qu'on avait ouvertes étaient saccagées. Nous n'avons plus rien dans notre cave. On nous a pris la bicyclette, un lit, que sais-je ?

La troupe française est venue deux jours plus tard. Les Allemands bombardaient de tous côtés.

Hier encore on a eu une alerte. Comme nous n'avions plus d'hommes avec nous, on se rendait à Pexonne, à Baccarat, pour tâcher de partir à Paris.

Toutes les maisons, à partir de chez Joseph Hasselot jusque chez J.-B. Jacquel, sont brûlées, et depuis chez M. Benoît jusque chez Georges, cafetier, et combien d'autres ! C'est le grand désastre.

Si après ces malheurs de pires ne nous arrivent, nous nous surmonterons et nous entr'aiderons les uns les autres. Ce sera effroyable pour les gens du pays de voir le carnage, et toute ma vie je l'aurai devant les yeux.

Je t'embrasse bien fort en te disant : Bon courage !

Cette lettre qui, en style concis, conte les plus abominables crimes, annonce à un fils la mort de son père et se termine par une promesse de relèvement et par les mots : « Bon courage », est d'une beauté sévère que rien ne saurait égaler.

Et il est étrange que ces récits ne fassent pas sur Nancy une impression terrifiante.

Mardi 18 août

L'EST RÉPUBLICAIN

JOURNAL RÉGIONAL QUOTIDIEN

5c — 5c

VIVE L'ALSACE !

En Alsace

Coup d'œil d'ensemble. — Nos troupes occupent Schirmeck, prennent 12 canons, 8 mitrailleuses, 12 caissons. — La cavalerie française à Mulbach. — Occupation de Ville. — La ligne Thann, Cernay, Dannemarie ::: :::

Notre progression a continué à se développer. Nos troupes ont enlevé les hauteurs au nord de la frontière, leur ligne passe par Abreschwiller, Lorquin, Azoudange, Marsall. Dans la région du Donon, nous occupons Schirmeck, 12 kilomètres en aval de Saales. Le nombre des canons de campagne pris par nous sur ce point est non pas de 4, comme il a été dit hier, mais de 12, en plus de 12 caissons et de 8 mitrailleuses. Notre cavalerie a poussé jusqu'à Lutzelhausen et Mulbach. Plus au sud nous avons occupé Ville à l'Est du col d'Urbeis sur la route de Schlestadt et Sainte-Croix-aux-Mines ; il y a été pris de l'artillerie lourde de campagne.

En Alsace, nous sommes fortement appuyés à la ligne Thann, Cernay et Danne-

Im Elsass

Was for geht in unsern Lændel. Unsri soldele hann Schirmeck bezetzt, hann 12 kanone, 8 kugelgritze un 12 caissons genumme. Unsri cavalerie isch in Mulbach, un hann s'Villerthal bezetzt, im Oberelsass sinn mir in Thann, Cernay, und Dannemarie.

Unser Vormarsch gelingt ganz gut, unsri soldate hann d'ganz grenz Linie bezetzt, vun Abreschviller, Lorquin, Azoudange, Marsall.

Unsri cavalerie isch in Lützelhausen, sie gehn gegen Schlestadt.

Der erscht Preissefahne hann unsri brave Chasseurs vum 10e Bataillon genumme, un isch direckt in Paris g'schickt worre an der Kriegsminister.

Ess isch der Fahne vum 132e Infanterie regiment, wo hann solle s'Breuschthal vertheidige, hann awer angschi g'het vor de Bajonette vun unsere Chasseurs. Mir hann 1000 g'fangene gemacht un hann viel Kleider unn Gepæk genumme un d'Preissa hann keije loon.

Es lebt unser Elsasslændel !

Imprimerie spéciale de l'Est Républicain

Fac-similé de l'édition alsacienne de l'*Est Républicain* distribuée par avions en Alsace.

On a accepté le sort, bravement, sans broncher. On parle maintenant de cela comme d'une chose prévue, et on se demande ce qu'on fera si les Allemands se rapprochent de notre ville pour y commettre de nouveaux crimes et la brûler. Généralement on se répond : « Je resterai » ou : « Nous verrons quand nous en serons là. »

Les communiqués d'ailleurs nous donnent bon espoir. Nous progressons en Haute-Alsace, dans les vallées de Sainte-Marie, de Villé, de la Bruche, depuis Chambrey jusqu'à Belfort. Cela apaise les inquiétudes qui tiraient les traits de nos compatriotes.

J'ai aujourd'hui expédié par avions une édition alsacienne de l'*Est*. On m'avait demandé ce service pour renseigner les populations qui, là-bas, nous attendent, et que les Allemands privent de nouvelles ou abreuvent de mensonges.

Mais du diable si je songeais qu'en 1914 j'inaugurerais cette originale méthode de convoyage pour les journaux !

Tout le monde se porte bien chez moi et tâche de son mieux de se rendre utile.

Nancy, 19 août 1914.

Dans la nuit de lundi à mardi, de 11 heures du soir à 1 heure du matin, le canon n'a cessé de gronder. Les coups étaient si violents que nos fenêtres en tremblaient. On est sorti sur le balcon. Au loin des lueurs apparaissaient, rougissant le ciel. Tous les Nancéiens, sans doute, avaient fait comme nous.

Mardi, — j'avais oublié de te l'écrire, — nous avions eu la visite d'un aéroplane allemand. Il a survolé la ville, après être passé à Jarville, a suivi la ligne du chemin de fer et a disparu entre Boudonville et le plateau de Malzéville, salué par une fusillade assez vive, mais, bien entendu, inefficace, car il était à belle hauteur.

Il reparaissait quelques instants après et passait au-dessus de la gare. Puis il s'est confondu avec les nuages.

Il venait sans doute épier les mouvements

de troupes. On l'a regardé avec un grand intérêt, et on ne voyait que nez en l'air. Comme il convient à des Français, chacun s'est escrimé à lui lancer des lazzis qui ne l'ont pas plus atteint que la pétarade des lebels.

Le même jour, un autre avion survolait Pont-à-Mousson et lançait trois bombes qui n'atteignaient personne et trouaient seulement une maison.

En concurrence avec les machines volantes, un escadron de cinquante cigognes se groupait au-dessus de la place Dombasle, et, après avoir copieusement claqué du bec, s'enfuyait à tire-d'aile. Le canon doit avoir dérangé les traditionnels projets de l'oiseau sacré d'Alsace.

Nous avons eu par un ami des nouvelles de Pagny-sur-Moselle.

— Les obus allemands, dit-il, ne causent pas de grands dégâts. C'est de la véritable camelote comme tout ce qu'ils font.

Tu crois ça? Moi, non. Je serais bien surpris que nos ennemis, après avoir préparé la guerre pendant quarante-quatre ans, n'eussent que des outils sans portée et des projectiles de pacotille.

Le citoyen de Pagny, qui était venu prendre de la farine pour ses compatriotes, assure que chaque jour il y a des escarmouches dans le village ou aux environs. Les Prussiens entrent sur le territoire, nos chasseurs leur tirent dessus. Il n'est pas un jour ou une nuit tranquille. Ce sont des alertes constantes. Mon Dieu, la belle vie pour ces braves gens !

Le maire de Badonviller vient d'être nommé chevalier de la Légion d'honneur.

Toutes les horreurs qu'on a rapportées de Badonviller et d'ailleurs semblent effacées de la mémoire des gens. Tout est à la joie aujourd'hui. Alors que le flux sinistre des réfugiés faisait craindre hier que les Allemands ne fussent pas loin, les nouvelles de tout à l'heure montrent que les brutes humaines sont au contraire vigoureusement chassées par nos troupes.

La retraite de l'ennemi en Haute-Alsace, disent les informations officielles, s'effectue en désordre. Au sud de Sarrebourg, les

Allemands se replient précipitamment. Notre cavalerie les poursuit.

Nos cavaliers sont à Château-Salins.

Je sais bien que Château-Salins n'est pas Mulhouse, dont on ne nous parle plus. Mais enfin c'est une ville importante de la Lorraine annexée, une cité où nous avons des affections particulièrement solides. Et puisque nos troupes se sont avancées jusque-là, il n'y a pas de raisons pour qu'elles s'arrêtent.

Une autre phrase ne nous indique-t-elle pas d'ailleurs que « dans la vallée de la Bruche nous continuons, fortement appuyés sur le Donon, à nous avancer dans la direction de Strasbourg » ?

Non, mon cher ami, tu as beau être un ardent patriote, ces noms, Strasbourg, Mulhouse, Colmar, Château-Salins, ne sonnent pas dans ton cœur avec les vibrations infinies qu'ils prolongent dans le nôtre.

Pour nous, ces noms représentent tant et tant de choses, des douleurs, des amitiés, des traditions, des fêtes, qu'il ne me semble pas possible qu'ailleurs on puisse les entendre avec la même puissance de joie.

Excuse-moi de te dire cela ainsi. Je le sens si fortement qu'il faut bien que je le proclame. Notre cavalerie est donc à Château-Salins, et toutes les inquiétudes de ces jours derniers disparaissent.

Je suis monté chez moi et j'ai crié : « Nous sommes à Château-Salins » avec une telle fougue que les miens ont ri de mon enthousiasme. Un rire un peu mouillé, comme on en a lorsqu'on apprend une nouvelle trop heureuse, et qu'on ne veut pas avoir l'air d'être ému.

Toute la ville est ainsi. Cependant chacun veut être calme. Et on dit assez fréquemment :

— Je le savais.

Non, ils ne le savaient pas, ceux qui parlent de cette façon, mais il leur serait désagréable de paraître surpris par une information qui leur semble tellement naturelle.

On leur annoncerait que nous sommes à Strasbourg, ils riposteraient avec le même sang-froid :

— Je le savais.

Et puis, quand tu recevras cette lettre,

peut-être bien serons-nous à Strasbourg. Peut-être même avant que tu la reçoives, cette lettre, serons-nous à Strasbourg.....

Ma foi, qu'y aurait-il d'étonnant à cela, après tout ?

Nancy, 20 août 1914.

Journée atone. On nous a annoncé que l'armée française avait atteint Morhange d'un côté, Delme de l'autre. Ce sont des noms qui ne chantent pas aussi fort que ceux de Strasbourg, Mulhouse, Colmar et Château-Salins, mais ils sont doux aux oreilles lorraines.

J'ai chez moi des habitants de Moncel, dont j'avais fait la connaissance lorsque, le 30 juillet, j'étais allé faire un tour de ce côté-là, au delà de la frontière. Ils me racontent comment les Allemands sont entrés dans la gare, brisant les appareils et dévastant la voie.

Un lieutenant d'infanterie coloniale, qui revient de Dieuze, me renseigne sur la vigueur avec laquelle les chasseurs ont occupé la ferme de Marcimont.

Tous ces épisodes d'une grande bataille dispersée entretiennent et dirigent l'imagination qui, sans ce dérivatif, s'affolerait dans l'attente de plus grands événements.

Nous voyons bien, par les nouvelles officielles, que les Allemands passent la Meuse, et que les Belges sont obligés de se retirer devant eux. On est tellement hypnotisé par l'attention plus précise donnée aux engagements qui se passent en Lorraine, si près de chez nous, que l'ensemble s'estompe et que les détails viennent au premier plan.

Et puisqu'on n'a pas d'informations vraiment sensationnelles, on se rattrape sur les prophéties. Aujourd'hui, c'est le tour du grand romancier anglais, Wells :

« Même sans nous, — les Anglais, — écrit-il, le peuple français sera lui-même. Et alors, avec nous, j'ose prophétiser que d'ici trois mois son drapeau tricolore sera au delà du Rhin. »

Beaucoup de personnes croient cela dur comme fer. Et, ma foi, ce rêve est si parfaitement d'accord avec le sentiment populaire qu'on se laisse séduire et qu'on établit des projets pour le trimestre prochain. Pourrai-je aller te voir avant la fin de l'année ?

Ce serait merveilleux. Tiens, nous allons parler de notre voyage au dîner.

Mais pourquoi l'atmosphère me paraît-elle plus lourde que d'habitude? Est-ce parce qu'une note de la préfecture nous apporte l'écho des régions dévastées? c'est probable.

Le préfet, après avoir, à Badonviller, décoré M. Benoît, a fait un tour dans les communes des environs.

Il a constaté qu'à Nonhigny les Allemands avaient assassiné quatre hommes et brûlé quarante-cinq maisons sur soixante.

Deux hommes ont été tués à Barbas, cinq otages emmenés.

Le village de Remoncourt a été mis à sac. Le maire, M. Scherer, et l'adjoint, M. Beaudoin, ont été pris par les soldats ennemis.

Trois maisons ont été brûlées à Xousse, trente maisons à Vaucourt.

Et bien que tout cela soit récent, et que les ruines continuent à fumer, et que le sang des victimes soit encore chaud, il nous semble que ces atrocités sont loin dans le passé.

Le canon ne sonne plus le réveil, et on est pourtant comme dans une immense nécropole où chacun parle bas.

Mme Mirman a fait connaître au maire, M. Laurent, qu'elle était heureuse d'apporter et d'offrir à la ville de Nancy le poteau frontière de Deutsch-Avricourt. Le vilain bronze, tiré à grand'peine de l'auto, a fait sensation sur la place de l'Hôtel-de-Ville. Il sera déposé au Musée.

Avec ça, pas de nouvelles de Mulhouse. On est sans doute arrêté par des considérations statégiques qu'un profane tel que moi n'a pas le droit de connaître, ni, s'il les connaissait, de comprendre.

A bientôt, j'espère, mon cher ami, courage et confiance.

Nancy, 21 août 1914.

Je viens de passer des heures atroces. L'incendie de Nomeny et le massacre de ses habitants ont jeté parmi la population de Nancy une sorte de terreur stupéfaite. On s'imagine que les Prussiens sont à nos portes, qu'ils vont tout brûler, tout tuer, tout saccager. On ne voit que faces attristées, yeux caves et fuyants.

Les Lorrains sont durement éprouvés. La joie sereine de ces jours derniers a fui comme par une invisible fente, par une horrible fêlure.

La terreur voulue par les hordes de l'invasion s'est répandue sur la cité entière.

Les blessés, que transportent les automobiles, et les automobilistes eux-mêmes font de ce qu'ils ont vu le plus hideux tableau. On les écoute avec passion, avec colère, avec une fièvre croissante.

Ce qui a été pour les Nancéiens le coup

le plus terrible et qui a démonté leur calme jusqu'ici admirable, ce sont les récits des réfugiés de Nomeny.

Les Allemands sont entrés à Nomeny, incendiant, pillant, massacrant tout.

Une des survivantes, Mlle Jacquemot, une jeune Lorraine de vingt ans, en sanglotant racontait ceci que je donnerai demain dans le journal, et que tout le monde connaît déjà un peu partout :

« Hier matin, jeudi, vers 10 heures, nous dit-elle, j'étais en train d'écrire à ma patronne lorsque j'entends crier dans la rue.

« Je sors...

« — Les Prussiens! les Prussiens! Sauvez-vous dans les caves!

« Craignant un nouveau bombardement, je rentre pour ouvrir les fenêtres et fermer les persiennes, ainsi qu'il avait été ordonné.

« Puis je décide de ne pas rester seule, et, ainsi qu'il avait été convenu avec une voisine, je descends dans la rue pour me rendre chez elle.

« Je n'ai pas le temps de rentrer. Des cavaliers, des fantassins prussiens, hurlant, sabre au clair, révolver au poing, arrivent de tous les côtés.

« — Kapout! kapout! Tous les Français kapout! criaient-ils.

« Je passe par la grange, et, par le derrière des habitations, j'arrive enfin chez ma voisine.

« D'autres personnes y sont déjà venues. Nous sommes quatorze.

« Nous descendons aux caves. Il y en a trois. Des deux premières, on a malheureusement oublié les clefs, et nous ne sommes pas assez robustes pour en enfoncer les portes.

« Enfin, nous réussissons à ouvrir la troisième. Toutes tremblantes, nous nous réfugions dans un coin.

« Par le soupirail nous entendons la canonnade et la fusillade. Des tuiles tombent. C'est un vacarme infernal.

« Enfin le canon se tait. Combien de temps avait-il tonné? Aucun de nous ne peut s'en rendre compte.

« On entend des pas dans l'escalier. Nous arrive-t-il des sauveurs ou bien des assassins?

« Ce sont des Prussiens... Nous nous serrons dans un coin sombre... Les Prussiens entrent. Ils n'ont pas de lumière... Ils s'avancent. Ils regardent. Ils ne nous aperçoivent point.

« Ah ! qui dira jamais quelles minutes nous avons vécues !...

« Sommes-nous enfin sauvés ?... Hélas ! non.

« Les Prussiens sont remontés, mais c'est pour nous arroser de pétrole, par le soupirail. Ils mettent le feu. On étouffe. On va mourir brûlés ou asphyxiés.

« L'odeur de pétrole est insupportable. Ils ne l'ont pas ménagé.

« On ne peut rester là... Il faut sortir à tout prix. Mourir pour mourir, mieux vaut mourir d'une balle ou d'un coup de baïonnette.

« Quelqu'un de nous a une montre. Il regarde. Il est 5 heures. Il y avait sept heures que nous étions là !...

« Une « paire » de jeunes filles — car, avec les femmes, il n'y avait que quelques enfants et des vieillards — une « paire » de jeunes filles se dévouent.

« — Vous en étiez?...

« — Oui. Nous sommes sorties trois, les demoiselles Nicolas et moi.

« Nous sortons du côté de la remise... Tout brûle dans Nomeny. Toute la rue est en flammes. Il ne faut pas songer à sortir de ce côté.

« Où aller?...

« L'un dit : Allons par ici; l'autre : Allons plutôt de ce côté-là...

« Mais de tous les côtés, devant, derrière, tout flambe. Nous n'avons plus qu'un espoir, c'est d'essayer de gagner les champs.

« Nous entrons dans le premier jardin venu : c'est celui de Mlle Manoncourt; or c'est un enclos, et nous n'arrivons pas à défoncer la porte.

« Soudain, nous entendons parler allemand derrière notre mur. Des soldats prussiens l'escaladent. Cette fois, nous croyons bien que, pour de bon, notre dernière heure est venue...

« Le premier Prussien qui apparaît nous crie :

« — Fourt! fourt! Allez-vous-en! sauvez-vous!

« Mais, je vous l'ai dit, nous ne pouvons pas ouvrir la porte...

« Enfin, les Prussiens nous rassemblent et nous emmènent. En route, d'autres viennent nous rejoindre. Nous arrivons dans une houblonnière. Des postes refusent de nous laisser passer.

« Nous revenons à Nomeny, vers le pont.

« — Nous sommes des femmes! Ayez pitié de nous.

« On refuse de nous laisser traverser.

« Enfin, après bien des supplications, on nous emmène à l'infirmerie installée chez M. Zambeau.

« Là les soldats sont gentils. Ils nous consolent. Ils nous disent que ce sont leurs officiers qui les forcent à incendier et à fusiller.

« L'un des soldats nous parle en français.

« — Je suis Lorrain, moi aussi, dit-il. Je suis de Novéant. J'ai une mère...

« Il pleurait.

« En traversant les rues en flammes, nous avons vu des morts et des morts. Il y en avait qui avaient la tête fendue. Une vieille femme, qui allait avoir ses cent ans au mois de novembre, est tombée d'épuisement pendant le trajet. Bien sûr qu'elle est morte.

« A l'infirmerie Zambeau, on nous a donné du pain et un peu de charcuterie. Nous avons couché par terre, et ce matin, vendredi, vers 6 heures, on nous a fait déguerpir.

« — Étiez-vous nombreux?

« — Oh! un cent. Cent vingt, peut-être. Peut-être cent cinquante. Avec une autre colonne qu'on m'a dit être partie d'un autre côté, c'est tout ce qui restait de vivant à Nomeny.

« — Ils n'ont pas emmené d'otages?

« — Je ne sais pas si c'est pour les garder comme otages ou pour les fusiller, mais ils ont ramassé tous les hommes, depuis les vieillards jusqu'aux gamins de quinze ans.

« Ceux-là, je ne sais pas ce qu'ils sont devenus. J'ai entendu dire qu'ils en avaient fusillé beaucoup sur la place, mais je ne l'ai pas vu.

« Nous voici dans la rue. Un officier nous demande où nous voulons aller.

« Comme personne ne savait trop que répondre, on nous emmène du côté de Mailly, c'est-à-dire vers la frontière.

« Nous marchons environ deux kilomètres, escortés par des soldats, et nous constatons que Mailly n'est pas brûlé. Puis l'on nous fait rebrousser chemin.

« Nous voici de nouveau à Nomeny...

« Nouvel ordre. On repart. On nous fait faire cinq fois cette navette... Nous n'en pouvons plus.

« Enfin, la sixième fois, lorsque nous arrivons au moulin de Brionne, les soldats allemands nous abandonnent.

« — Allez où vous pourrez ! nous dit l'un d'eux, en français. Vous êtes libres.

« Nous avons suivi la route...

« De temps en temps, nous nous retournions pour regarder une dernière fois notre pauvre Nomeny. Ma maison n'existait plus, et l'une des seules maisons qui restaient, la pharmacie, ne formait qu'un brasier énorme.

« Nous arrivons enfin à Lixières. Des ambulances françaises nous recueillent, et c'est ainsi que nous sommes parvenues à Nancy, où, pour mon compte, vous le voyez, je suis tombée chez de si braves gens.

« Je peux aller rejoindre ma patronne, à Houlgate.

« — Avez-vous quelques noms de victimes, noms dont vous soyez bien sûre?

« — J'ai vu des morts, dans les rues, mais on n'avait guère le temps de les regarder de près.

« Cependant, je crois avoir reconnu M. Quillian père, qui gisait sur la chaussée, la tête fendue.

« On m'a dit aussi que Mme Humbert, en ouvrant sa porte en compagnie de ses enfants, s'était trouvée face avec les Prussiens, qui tiraient des coups de revolver. Je ne sais pas si elle a été tuée ni si les enfants sont saufs.

« Ce qu'il y a de terrible, c'est de songer que beaucoup de ceux qui s'étaient enfermés dans les caves ont pu périr brûlés vifs ou asphyxiés.

« En tout cas, je vous le repète, deux colonnes seulement de cent à cent vingt personnes sont parties, et une colonne de vieillards, de jeunes gens et d'enfants a été emmenée je ne sais où, ou fusillée... »

Il est difficile d'imaginer l'épouvante que jettent parmi la foule anxieuse ces descriptions faites au coin de toutes les rues par des femmes aux yeux hagards, à la figure bouleversée, aux vêtements souillés, et qui sont encore toutes brûlées de la fournaise d'où elles sortent.

Aussi l'autorité militaire, qui comprend en quel désarroi sont les esprits, vient d'envoyer aux journaux la note suivante, qui sera publiée demain :

« M. le lieutenant-colonel Ducasse, major de la garnison, prie M. le maire de Nancy d'inviter la population à faire preuve de calme.

« Il ne faut pas que quelques coups de canon, et la fuite des gens de la campagne suffisent pour alarmer une population comme celle de Nancy, qui est couverte par toute une armée.

« Nancy, 21 août 1914, 18 heures. »

Eh! oui, tous ceux qui peuvent ou croient pouvoir quelque chose conseillent le calme

On s'accorde à reconnaître que la destruction de Nomeny n'a en rien entamé nos positions.

Et si les Allemands avancent en Belgique, nos troupes d'autre part ont repris Mulhouse à la baïonnette et ont réoccupé la ville.

Cette nouvelle, qui eût transporté de joie le peuple entier si on l'avait connue hier, n'est pas aujourd'hui un réactif suffisant contre la dépression générale.

Mulhouse, ce nom glorieux, n'a plus de son à côté du glas de Nomeny.

De plus, ce soir, à 6 heures, on a expulsé les consommateurs des cafés. Cela a produit un effet déplorable. On a cru tout de suite que les Allemands allaient entrer en ville. Cette clôture avant l'heure habituelle, qui n'eût occasionné il y a quelques jours aucune émotion, en a causé une énorme qui a aggravé les angoisses du jour.

On a bien fait de fermer les cafés à 6 heures. On eût mieux fait de prendre cette mesure la semaine dernière.

Tu t'étonneras de l'importance que je donne à ce détail, qui, de loin, te paraîtra ridicule. Il en a pourtant une grande, non point pour le fait même, mais pour les circonstances terribles qui l'entourent et qui peut-être le justifient.

Mory, mon secrétaire de rédaction, tout à l'heure en me quittant, me dit :

— Pourvu que demain matin, quand je rentrerai à l'*Est,* je voie les képis de nos territoriaux !...

— Pourquoi? nos terribles vont être relevés?

— Non, mais je regarderai tout de même d'un peu loin si les képis ne sont pas remplacés par des casques à pique.

Voilà donc, mon cher ami, notre situation. Elle n'est pas gaie, et je m'en veux maintenant d'avoir permis à ma famille de rentrer.

Elle connaît la vague d'épouvante qui a déferlé sur Nancy, elle plaint très fort les pauvres réfugiés. Mais elle a en moi une telle confiance qu'elle vit sans aucune crainte et ne demande rien.

Je vais dire chez moi que les nouvelles ne sont pas fameuses, puis je m'endormirai au bruit du canon, comme un homme harassé, qui a enfin le droit de se reposer quelques heures.

La rue est silencieuse. Le temps est horriblement lourd. Le ciel est chargé de noir, comme les cœurs sont oppressés d'angoisse.

Un orage se prépare, qui va secouer encore les nerfs de notre pauvre population.

Nancy, 22 août 1914.

Il est minuit. Je suis seul. Non, pas seul. Charles Spohn, mon collaborateur parisien, a voulu rester.

Voici ce qui s'est passé.

Ce matin en me levant j'ai appris que l'on commençait à établir des barricades sur les ponts qui séparent Nancy d'une partie de ses faubourgs.

Les nouvelles étaient alarmantes. Nos troupes, dans la journée d'hier, se repliaient devant un ennemi supérieur.

Je recevais vers 11 heures un billet douloureux, et qui m'annonçait la retraite en termes désespérés.

Nous avons déjeuné pendant que le bruit du canon se rapprochait.

Après le repas, j'ai retenu ma femme.

— Il faut te préparer à partir.

— Partir? Pourquoi faire? Je suis venue ici pour être avec toi. Je reste.

— C'est très bien, ce que tu dis là. Il faut partir tout de même, ou du moins te préparer au départ. Les Allemands, après avoir brûlé Nomeny, ont incendié Éply, Clémery, Port-sur-Seille. Je ne veux pas que toi et notre enfant risquiez de vous trouver dans la fournaise.

— Tu y seras bien, toi.

— Moi, ce n'est pas la même chose. Un homme se défend, peut lutter, se tire d'affaire. Une femme et une jeune fille sont à la merci du vainqueur. Ici, le vainqueur, c'est la brute déchaînée. Comprends. Il s'est passé dans les villages envahis des choses atroces, et que je ne puis te conter. Je ne supporterai pas un instant de plus l'idée que vous deux, par un courage inutile et entêté, attendiez l'arrivée de ces bêtes immondes.

« De plus, je me dois à mon journal. Vous savoir là me priverait d'une énergie qui m'est indispensable. Mon devoir est ici. Je reste. Votre devoir, que je soude au mien, est de me laisser la liberté d'agir. Je n'aurai cette liberté que si je suis seul.

« Si vous m'aimez vraiment comme il convient maintenant d'aimer, vous vous en irez. »

Ma femme me regarde, puis toute souriante, me dit :

— Eh bien, il faudra que tu m'attaches et que tu me fasses porter dans le train. Je ne m'en vais pas. Et si tu insistes, je me roule sur le tapis.

La plaisante menace ne m'enlève pas mon calme, ni ne fait chavirer ma décision.

J'explique posément quels dangers courent les jeunes filles et les femmes. Je lui raconte les horribles faits qui m'ont été confiés.

— Veux-tu que notre fille soit exposée à cela?

— Oh!

— Veux-tu avoir sur la conscience le mortel remords de n'avoir pas tout fait pour l'éviter?

Ma femme se tait et baisse le front. Elle est convaincue. Elle partira.

J'appelle ma fille.

— Renée, tu es une petite fille sérieuse

et déjà en âge de comprendre les événements. Les Allemands s'avancent vers Nancy. Dans deux jours, peut-être demain, ils seront là. Ils brûlent, ils massacrent. Il faut partir d'ici.

— Tu viens avec nous?

— Non, mon petit, je dois rester.

— Alors je ne pars pas. Je reste avec toi et maman.

— Maman part avec toi.

— Alors tu seras seul. Je ne veux pas m'en aller.

Je la prends par les deux mains, debout devant moi, et je lui explique à nouveau, sans colère, sans même une apparence de brusquerie, qu'il est nécessaire, dans mon propre intérêt, qu'elle quitte Nancy.

— D'ailleurs, maman te parlera de tout ça. Préparez une petite valise pour prendre le train à 9 heures... Si cela va mieux ce soir, je vous aviserai. Tenez-vous prêtes. Le dîner à 6 heures, car je soupçonne qu'il sera difficile de se faire délivrer des tickets.

Et je laisse ma femme et ma fille pour retourner au travail.

Une angoisse formidable terrasse la ville.

Tout à coup, vers les 4 heures, un troupeau de bœufs traverse la rue Saint-Jean en poussant des meuglements plaintifs, tandis que les conducteurs jettent des cris.

— Qu'est-ce que c'est?

— On fait replier le bétail des abattoirs et des communes voisines. Une vingtaine de camions stationnent sur la place Stanislas, prêts à évacuer les archives de la préfecture et de la mairie.

Voici que passent, se dirigeant vers Toul, des automobiles transportant les finances, puis, en trombe, les autos des Postes : les employés ont reçu l'ordre d'évacuer Nancy.

Tout cela fait dans les rues un tumulte effroyable parmi la consternation générale.

Les rumeurs les plus folles courent comme des nuages et assombrissent les physionomies.

Les rédacteurs que ne m'a pas enlevés la mobilisation sont dans la grande salle et causent avec animation.

— Eh bien! dis-je en passant, ça va?

— Mais oui, chef.

Liégeois, qui se tenait à Paris à la disposition du gouverneur, puisqu'il appartient au camp retranché, et qui est amené sans doute par son instinct de l'actualité, est arrivé par le dernier train.

Je remonte chez moi pour préciser où en est la situation. J'y rencontre une amie de la famille avec ses trois enfants.

— Je viens vous demander un conseil. Qu'est-ce qu'il faut faire?

— Madame, il faut partir. Les femmes ne sont plus ici à leur place.

— Je comprends. Nancy va être occupée?

— Je ne dis pas cela. Je dis que si Nancy était prise par les Allemands, — pardonnez ma brutalité, — nous tiendrions mieux, les femmes n'étant pas là.

Notre amie s'en va aussitôt faire établir les laissez-passer pour tous les siens et aussi pour les miens.

— Et moi? me dit Charles Spohn.

— Vous, mon cher ami, si vous êtes bien gentil, vous accompagnerez ma famille.

Spohn me répond carrément :

— Non.

Il a prononcé ce « non » avec une telle violence que j'éclate de rire. C'est la première fois que je ris de la journée.

— Ma foi, mes ordres n'ont décidément pas de succès. Tout le monde refuse de m'obéir. Je ne suis donc plus le patron ?

Spohn, qui voit que cela tourne bien, m'explique que ma famille ne risque rien puisqu'elle voyage avec des amis, et qu'il me sera bien plus utile à Nancy au cas où il arriverait quelque chose.

— Bien. C'est comme vous voulez. Restez donc. Je vous demande seulement de veiller au départ.

— Parfait.

Et Spohn se jette à mon cou, tout ému de joie. Il a eu peur d'être évacué, lui aussi.

A 6h 30, je monte chez moi. Il y a huit personnes, ma femme et ma fille comptées, qui parlent beaucoup et ne mangent guère. On fait sauter le bouchon d'une bouteille de champagne, et je bois à la victoire de la France, malgré tout, et à la ruine de l'Allemagne.

Dernière accolade pressée.

— Allez. Maintenant, filez.

Je pousse tout mon monde vers la sortie. Spohn prend la tête du mouvement.

Sur la porte je dis adieu aux miens. Je ne veux pas d'émotion.

— Mes enfants, je ne quitte pas le journal. On croirait que je m'en vais, et il ne faut pas qu'on le suppose une seconde. Portez-vous bien, et écrivez-moi dès que vous serez arrivées à Paris.

C'est fini. Elles ont disparu. Je suis seul.

Je fais déplier les volets roulants. La maison est fermée. Il n'y a plus d'éveillée que la lampe de mon cabinet.

Spohn est rentré tout à l'heure. Nous avons mangé un peu sans parler. L'un et l'autre nous avons tellement de choses à dire que les mots ne nous viennent pas.

Nous ne pensons pas à notre sort ni même à la destinée de nos familles. Nous songeons que la France passe par une terrible épreuve, et que cela est abominable.

Nous sommes allés ensuite, en fumant des cigarettes, faire une promenade en ville, dans l'ombre sinistre que la foule a désertée.

Au retour, je trouve la brève note suivante envoyée par le général Léon Durand :

« Habitants de Nancy,

« Commandant les troupes opérant dans votre région, je fais appel à votre bonne volonté, à votre calme, à votre patriotisme dans les circonstances que nous traversons.

« Ne prêtez pas l'oreille aux bruits alarmants qui circulent. Mes troupes et moi nous sommes là. Comptez sur nous.

« Général Léon Durand. »

Et maintenant je suis tout à fait tranquille. Le départ de ma famille m'a enlevé du cœur un poids énorme. De la savoir hors de danger, cela m'a rendu l'esprit complètement libre.

Le canon tonne. Les Allemands ne sont certainement pas loin. Du haut de la tour on voit des lueurs immenses. Les villages brûlent.

Quoi qu'il arrive, j'aurai accompli ma destinée comme il convient à un homme.

Si je ne te revois pas, si je ne revois pas les miens, — je t'écris cela sans aucun désir de t'émouvoir, et je ne suis moi-même ému que par les malheurs de ma patrie, —

j'aurai fait ce que je devais faire, hier, aujourd'hui et je le ferai demain.

J'ai quand même confiance. Il n'est pas possible que la France meure.

Pour nous, comme dit plaisamment mon ami Pol Simon, nous ne sommes pas des gens qu'on tue.

A toi fraternellement.

Nancy, 23 août 1914.

Cette nuit, au moment où j'allais me coucher, le caporal dont l'escouade garde l'*Est* est entré dans mon bureau.

— Monsieur, je viens vous serrer la main et vous remercier de toutes les amabilités que vous avez eues pour mes hommes.

— Cette démarche indique que sans doute vous avez reçu l'ordre d'évacuer?

— Pas précisément. On nous a seulement dit de nous tenir prêts à partir. Si, au point du jour, vous ne nous trouviez pas à notre poste, c'est qu'on nous aura relevés définitivement. J'ai tenu à vous faire visite une dernière fois.

Je remercie le caporal, et je monte avec un surcroît de réflexions dépourvues de gaieté.

Toutes les heures nocturnes ont été scandées par une incessante canonnade. Ce matin, cela continuait à grand bruit.

J'ai grimpé au sommet de la tour, — merveilleux observatoire, — et ai estimé que la bataille faisait rage aux environs de Saint-Nicolas, dont l'église apparaît admirablement dans la plaine.

Les habitants de Pont-d'Essey, dans la banlieue immédiate de Nancy, ont reçu avis d'avoir à évacuer avant qu'on fasse sauter les ponts sur la Meurthe.

La gare qui, la nuit dernière, était assaillie par une foule tumultueuse, est déserte et d'un silence impressionnant. Les machines, les voitures, les employés, tout est parti. Les grilles sont cadenassées, les bureaux fermés, les volets clos. Cela fait un effet prodigieux.

Les trains sont maintenant formés à Champigneulles et à Jarville. On voit au long des rues et des routes de pauvres gens, embarrassés de paquets, qui cherchent à gagner les nouvelles stations, et s'essoufflent, et transpirent, et s'épuisent.

Cependant le marché était abondamment approvisionné, et les maraîchers vendaient en grande hâte légumes et fruits à n'importe quel prix.

Par ordre du maire, le commissaire central a invité les directeurs de journaux à supprimer immédiatement les pancartes portées par les vendeurs et affichées aux devantures des dépôts et des kiosques.

Pauvres journaux! Comme on nous a successivement interdit tous les sujets qui se rapportent à la guerre, ils ne peuvent guère offrir aux vendeurs ni aux lecteurs de pancartes à sensation.

M. Laurent, qui a rejoint son corps, a fait placarder hier une affiche interdisant les attroupements sur la voie publique. Il s'appuie sur les motifs que voici, qui t'indiqueront les points où la population se masse :

« Considérant que des attroupements se forment tous les jours en plusieurs endroits de la ville, notamment au Point Central, rue du faubourg Saint-Jean devant les bureaux de l'*Est Républicain,* à la gare, et place Stanislas;

« Que ces réunions gênent la marche des troupes et le service des automobiles militaires;

« Qu'elles se livrent, au passage des prisonniers civils ou militaires à des manifestations que la municipalité a déjà signalées comme contraires au droit des gens et indignes de bons Français... »

En conséquence, on ne devra plus stationner devant chez nous. Ce sera bien difficile à obtenir. Que ne ferait-on pas pour être le premier à lire les nouvelles attendues anxieusement ?

Un de mes collaborateurs appelle mon attention sur le danger qu'il y aurait, si les Allemands entraient à Nancy, à conserver les affiches, les cartes, les trophées de la salle des dépêches, à laisser sur les murs les photographies des administrateurs, des rédacteurs, des employés, des ouvriers du journal.

Il a raison. Ce soir, la maison fermée, j'ai fait tout enlever. Les glaces sont nues maintenant, les murs dégarnis. Cela ressemble à un triste déménagement.

A 11 heures, le Conseil municipal s'est réuni pour remplacer M. Laurent, maire, M. Maringer, adjoint, qui ont rejoint leur poste à l'armée.

M. Gustave Simon, adjoint, a été élu maire, MM. Auguste Peltier et Emile Devit, adjoints.

Le préfet a adressé un même salut fraternel aux deux maires de Nancy, celui d'hier et celui d'aujourd'hui. M. Simon a assuré la population qu'elle pouvait compter sur son dévouement et sur celui de ses collaborateurs.

Ce n'est pas un courage banal que d'accepter le pouvoir municipal et ses terribles responsabilités à cette heure où, dans la rue Saint-Georges, des Nancéiens regardent derrière les volets entr'ouverts si les uhlans n'apparaissent pas au tournant. M. Simon est un homme énergique et clair. Je suis convaincu qu'on doit lui faire entière confiance.

Ce dimanche me semble calme, comparé à la fièvre d'hier. Les habitants de Nancy se sont portés sur les routes de Jarville et d'Essey, par où arrivent d'innombrables camions transportant des blessés français et allemands. Il n'y a pas la moindre manifestation. On se tait.

Spohn, qui descend de la tour, me dit qu'autour de Nancy l'horizon est incendié. Je suis tellement las que je n'ai pas la curiosité de voir. Je m'en vais au lit.

Allons, c'est peut-être demain que les képis territoriaux qui étaient encore là tout à l'heure seront remplacés, comme disait Mory, par des casques à pointe. Quelle sinistre expectative !

Nancy, 24 août 1914.

Les habitants de Port-sur-Seille, de Crévic, d'autres villages incendiés, affluent à Nancy en misérable cohue. Ils sont affolés de ce qu'ils ont vu, bouleversés d'avoir, ils ne savent comment, échappé à la mort qui les encerclait. Quelques-uns arrivent avec leur costume de travail tout déchiré. Ils ont fui à travers champs sans pouvoir entrer chez eux. D'autres ont chargé une partie de leur rudimentaire mobilier sur des charrettes qui grincent. Et c'est pitié de voir les gosses huchés sur des matelas poussiéreux, parmi les ustensiles les plus disparates, pleurant, sous les cheveux emmêlés, de faim, de soif et de terreur.

Mais l'autorité préfectorale nous a fait défense de raconter les horreurs de ce lamentable exode. Et comme il n'y a ni trains — la gare est évacuée — ni courrier —

les postiers sont partis — ni nouvelles d'aucune sorte, sauf celles que nous donnent les réfugiés et les blessés, j'ai fait le journal avec une combinaison de titres et de blancs. Nos lecteurs s'en contentent.

Nous sommes complètement isolés du reste de la France, et nous ne savons rien, rien. Nous cherchons à reconnaître, par le bruit du canon, par la lueur des incendies, les endroits où déjà se trouve l'ennemi.

La tour de l'*Est* est notre observatoire. Sur des cartes nous pointons, en nous orientant, les villages qui brûlent, et nous supputons le temps que les Allemands mettront à déboucher dans nos rues.

J'ai dormi d'un sommeil de plomb, et je suis dispos et plein d'ardeur. A quoi d'ailleurs occuper ce courage? Je ne peux que donner des conseils de calme à nos visiteurs qui n'ont pas l'air d'avoir lu l'ordonnance municipale interdisant les attroupements. Je réponds à tout le monde avec un sourire qui rassure et qui en dit d'autant plus long que j'ignore à peu près tout ce qui se passe.

Spohn, qui descend les escaliers et est resté des heures à contempler les incendies, m'arrête.

— Je vois que ça ne va pas très bien. Considérez-moi comme un soldat dont vous êtes le chef. Ce que vous me direz de faire, je le ferai, sans observation. Voilà qui est entendu. Je ne vous en reparlerai plus.

— Bien. Pour le moment, rien à faire qu'à attendre.

On va tâter le pouls de l'opinion publique. C'est une chose curieuse. Les gens, dans la rue, paraissent ne pas se connaître, ne s'être jamais vus. On ne s'aborde pas. On ne se serre pas la main. On ne se salue pas. On passe. On va vers les nouvelles. On n'a rien à se dire.

Et je m'aperçois que, moi aussi, je détourne les yeux quand je rencontre une personne amie. Les paroles que nous échangerions sonneraient trop vide, et on ne pourrait pas en prononcer comme celles dont on se sert d'habitude pour entretenir une conversation ordinaire. Il vaut donc mieux que nous ne nous arrêtions pas. Nous connaissons trop bien nos pensées. Ce sont les mêmes dans tous les esprits.

— Est-ce pour bientôt? pour demain? pour ce soir? pour tout à l'heure?

J'ai eu la joie de voir mon ami Louis Michel, maire de Tomblaine. Je l'interroge.

— Qu'est-ce qu'on craint de l'autre côté de l'eau?

— Ma foi, on attend. Comme ici. On doit m'avertir un quart d'heure avant de faire sauter les ponts. Après cela, je viendrai vous serrer la main. On avisera.

— La population?

— Très bien. Je la rejoins de suite. Il ne faut pas que je m'absente trop longtemps. Des personnes nerveuses croiraient que je suis parti. Pourtant elles devraient savoir que je ne les abandonnerai pas.

J'ai eu le plus grand plaisir à voir cette figure d'un calme souriant, d'une affectueuse énergie, ces yeux limpides qui regardent droit et projettent un clair rayonnement.

Un sourire, une poignée de main. On se sépare dans la salle des dépêches où la foule s'entasse contre les grandes glaces derrière lesquelles les linotypes brassent la composition avec des mouvements humains.

Une assez bonne nouvelle nous arrive. Un zeppelin qui venait de Strasbourg a été abattu sur la route de Celles à Badonviller. La chute de l'énorme baudruche ne nous intéresse que pour une minute, le temps de songer au zeppelin qui, en temps de paix, eut l'audace d'atterrir — par erreur — sur le champ de manœuvres de Lunéville, où j'eus tout loisir de le visiter.

Ce n'est pour nous qu'une espèce d'anecdote, dont l'intérêt disparaît au milieu des flammes qui incendient l'horizon et des colonnes de fumée qui s'élèvent de toutes parts.

Je n'ai plus le goût de rien noter. D'ailleurs, comme cette lettre ne partira pas de quelque temps, — si elle part, — je compléterai pour toi les impressions que je pourrai rassembler.

Excuse-moi, mon cher ami, si mon récit manque d'ordre. Il est assez difficile d'observer les règles de la composition quand on est mille fois interrompu, et qu'on a, comme je l'ai, le désir anxieux de voir, de savoir.

Adieu, je monte à la tour regarder la campagne qui flambe.

Les fumées noires qui montent vers le ciel, ou qui hésitent sous la poussée du vent, les lueurs rouges qui fusent en myriades d'étincelles plus claires, épaississent autour de nous le mystère de la nuit retentissante.

Et l'on n'en sait ni détacher les yeux ni arracher la pensée.

Nancy, 25 août 1914.

Tous les matins, le tirage du journal mis en train, je réunis au bar voisin les rédacteurs de l'*Est*, et assez souvent les typographes, les clicheurs et les mécaniciens. On boit le café en famille, et on cause.

Nous sommes tous en costume de travail, et je ne saurais, à cette heure-là, avoir la moindre prétention à la coquetterie. On échange les impressions, les vœux, les prévisions, mais on ne fait aucune stratégie. S'il y avait des pyrogènes, ils ne représenteraient pas des forts, et les allumettes ne nous apparaissent pas comme d'invincibles corps d'armée. On calcule seulement les chances que l'on a d'échapper à l'occupation allemande, et on tombe généralement d'accord qu'il y en a au moins autant de mauvaises que de bonnes.

L'esprit de confiance d'ailleurs l'emporte toujours, mêlé à cette ironie tranquille qui a toute la figure du fatalisme. Il n'arrivera jamais que ce qui est écrit, n'est-ce pas?

Et le canon tonne toujours et ne nous trouble plus guère.

Mory et Lenoble, mes collaborateurs, ne peuvent rester en place. Le goût de l'information les a conduits aujourd'hui de l'autre côté du pont, jusqu'à Essey. Il faut qu'ils aient dans les postes des sympathies considérables, car ne passe pas qui veut, et les sentinelles, aidées par les gendarmes, ne cessent de refouler les braves Nancéiens qui ont la prétention de dépasser la rivière.

Ils sont revenus ravis de ce petit voyage qui leur avait dégourdi les jambes et avait pendant un instant élargi leur horizon. Ils ont rencontré le maire de Champenoux, qui leur a conté comment les Allemands l'avaient forcé à prendre un tambour allemand et à sonner le rappel pour faire verser par les habitants, entre leurs mains, mille francs d'or.

A midi, j'ai reçu du préfet la note que voici :

« J'ai l'honneur de vous faire connaître

que M. le général commandant d'armes vient, en vertu des pouvoirs que lui confèrent les articles 13, 14 et 15 de l'état de siège, de prononcer à l'égard du journal *L'Est Républicain* l'interdiction de paraître pendant vingt-quatre heures, soit du 25 août à midi au 26 août à la même heure.

« Cette interdiction est motivée par une note intitulée : « Une erreur », parue dans le numéro du 25 courant.

« Je m'empresse de vous notifier la décision qui vient d'être prise par l'autorité militaire, en vous priant de vouloir bien vous y conformer. »

La note visée était ainsi conçue :

« Une erreur. — Les perquisitions faites chez M. K..., tant à son domicile à Nancy qu'à son bureau des forges de Jarville, n'ont donné d'autre résultat que de prouver sa parfaite loyauté. Aucune pièce n'a été saisie, ce qui enlève toute base à une fausse dénonciation ».

K... est un brave Luxembourgeois, marié à une Belge, qui m'est recommandé par des personnes notables de Nancy, et qui, en me priant de publier cette note, avait l'intention de mettre un terme aux cancans de son quartier.

Il paraît que, sans le vouloir, j'ai porté un coup terrible à la défense nationale. Constate, mon pauvre ami, comment à peu de frais on trahit la France.

J'aurais trouvé cela amusant si la population n'était aussi angoissée. Je suis allé voir M. Mirman, qui m'a reçu, en tenue, à la préfecture.

— Je ne viens pas, lui ai-je dit, protester ou récriminer contre la mesure qui atteint le journal. Je ne discute même pas et ne veux pas chercher si elle est injuste ou méritée. Je suis la discipline stricte.

Je crois cependant utile de vous signaler, non en qualité de directeur, mais comme un citoyen qui a connaissance d'un fait et en prévoit les conséquences, que la suspension de l'*Est* sans explication, dans les circonstances présentes, peut causer une panique.

J'ai deux solutions : fermer la maison ou la laisser ouverte.

Si je ferme, les gens qui viennent tous les jours lire les informations, se demanderont anxieusement pourquoi l'*Est* baisse ses rideaux. Leur imagination galopera à la débandade, et nul ne sait ce qu'elle produira.

Si je laisse l'hôtel ouvert, ainsi que la salle des dépêches, et qu'à 5 heures le journal ne sorte pas, on dira certainement que l'*Est* a mieux aimé ne pas paraître que donner de mauvaises nouvelles.

Après l'annonce officielle de l'occupation de Lunéville, vous devinez sans peine les effets moraux de cette suppression.

Je n'ai plus rien à ajouter.

M. Mirman a compris, s'est levé, a mis son képi et est parti chez le commandant de la place. Vingt minutes après, il me téléphonait que la sanction était ajournée.

Oui, Lunéville est prise, occupée, — pour un temps, disent les dépêches, — par les Allemands.

Et j'écris un article sur l'héroïsme économique, et je prêche la reconstitution du travail commun qui nourrit tous les enfants de France. C'est te dire si ma confiance est robuste.

Le plus beau, c'est que les Lorrains ont en effet repris la besogne interrompue aux premiers jours de guerre et s'efforcent merveilleusement à reprendre la vie normale dans la mesure où cela est possible.

J'ai vu M. Vilgrain tout à l'heure. Il m'a annoncé, sous réserves, la mort de notre ami Louis Laffitte, secrétaire général de la Chambre de Commerce, lieutenant, tué à Morhange. M. Vilgrain, qui avait Mme Laffitte chez lui, ne l'a laissée sortir que pour lui permettre d'aller au commissariat de police demander un laissez-passer. Il avait peur qu'elle apprît trop brusquement la terrible nouvelle. De fait elle l'ignore toujours.

La mort de Laffitte, un grand cœur et une belle intelligence, est une grosse perte pour la Lorraine, et pour moi dont il était le collaborateur et l'ami.

Le matin j'avais, avec Spohn, rencontré M. Bellieni. On avait parlé de la mort de son fils, soldat automobiliste. M. Bellieni ne veut pas y croire. Il tâche de garder un espoir, mais ses paroles sont graves. Il essaie de s'accoutumer à la cruauté du sort dont il est menacé. Il nous parle de la guerre de 1870.

Au retour — coïncidence qui me donne le frisson — Liégeois me dit :

— J'ai vu B..., imprimeur, qui arrive de Château-Salins. Il m'a assuré qu'il était parti le dernier de cette ville. L'artillerie battait violemment la route du côté de Hampont. Son camarade Bellieni, qui était à quelques pas devant lui sur sa moto, a été atteint et a roulé dans le fossé.

Et je songe à la paisible causerie que nous avions, un instant auparavant, avec le malheureux père, dont j'admirais le courage et la confiance.

Le canon, qui s'était interrompu vers 7 heures, a recommencé vers 7^{h}30. Il pleut.

Lunéville est occupée, et le front est ainsi décrit par les dépêches officielles : Badonviller, Lunéville, Amance, Dieulouard.

Qu'allons-nous apprendre demain matin?

Je n'ai aucune nouvelle des miens ni de

personne. Mais je ne suis pas inquiet à ce sujet, puisqu'on ne reçoit pas de lettre.

J'attends avec sérénité. Une sérénité que je transforme fort bien, devant les curieux, en sourire.

Quand on le veut avec force, on peut, quelque angoisse qui vous étreigne, montrer un visage parfaitement calme. Je crois avoir acquis un entraînement précieux à cet exercice.

Et je suis satisfait lorsque le mensonge de mes yeux parvient à calmer les inquiétudes qui s'agitent.

Nancy, 26 août 1914.

Il y a aujourd'hui une détente prodigieuse dans l'angoisse publique. Ce n'est pas que les nouvelles soient spécialement excellentes, mais on ne peut trop longtemps raidir ses nerfs, et après ces jours cruels on arrive à être indifférent. A proprement parler, on est anesthésié, ou en léthargie.

Pourtant...

Pourtant, les dépêches officielles nous annoncent que le généralissime a ordonné d'évacuer progressivement la Haute-Alsace, et que Mulhouse est abandonnée par nos troupes.

Il est vrai qu'elles ajoutent : « A cette heure, le théâtre des opérations en Alsace devient d'ailleurs secondaire. »

Nous ne comprenons pas bien cette mise au second plan des opérations vers lesquelles la France regardait avec enthousiasme. De la stratégie, sans doute... Je suis incompétent.

Il est vrai que d'autre part les deux armées de l'Est ont pris une offensive combinée, l'une partant du Grand Couronné de Nancy, l'autre au sud de Lunéville.

Le Grand Couronné de Nancy, que peu de gens connaissent sous ce nom, est une série de plateaux, de collines et de forêts un peu en avant de Nancy, allant du Rembêtant aux hauteurs de Sainte-Geneviève, passant par les plateaux d'Amance et des Moivrons, les monts Saint-Jean et Toulon. Les positions les plus élevées n'ont guère plus de 400 mètres.

C'est du succès de cette offensive, évidemment, que dépend le sort de Nancy. Nous n'avons plus qu'à attendre en écoutant le canon.

Le préfet a porté à la connaissance de la population de Nancy que les services de la trésorerie générale ont reçu l'ordre de rentrer d'extrême urgence. Il espère que cette information rassurera complètement les nerveux et arrêtera les bruits tendancieux qui circulent avec insistance.

A la vérité, on attache à la rentrée de la

trésorerie moins d'importance qu'on n'en avait attaché à son départ. Cela fait tout de même du bien à l'esprit public.

Ce bien n'a pas été affaibli, ou si peu, par une autre note préfectorale qui rappelle aux civils l'interdiction de tirer sur les Allemands.

« Dans toutes les localités où ils ont exercé des violences sur les propriétés ou les personnes, écrit M. Mirman, les Allemands ont allégué comme prétexte que des coups de feu avaient été tirés sur les troupes par quelques civils. »

Le préfet ajoute que les maires ont protesté, et que ce procès s'instruit chaque jour et plus tard sera jugé.

Il rappelle à la population ceci :

« Le fait, pour un civil, de tirer sur l'ennemi, loin d'être un acte de courage, constituerait un double crime :

« 1° Crime contre le droit des gens, car, seuls ont droit de prendre part au combat les hommes régulièrement incorporés dans les armées en présence ;

« 2° Crime contre la cité, car de tels

actes ne pourraient avoir d'autre conséquence que d'exposer la commune où ils seraient commis aux plus graves dangers.

« La France, pour se défendre, ne réclame d'autre concours armé que celui de ses soldats. Elle n'en accepte pas d'autre.

« Tout civil peut et doit servir son pays de tout cœur, non par l'usage illégal des armes, mais en restant simplement à son poste et en s'y appliquant de son mieux à sa tâche propre.

« Et s'il se trouvait dans le département de Meurthe-et-Moselle un seul homme assez peu maître de ses nerfs ou assez perfide, assez fou ou assez coupable pour tirer, lui civil, sur un soldat ennemi, je déclare que cet homme devrait être considéré par les patriotes et traité par eux comme un mauvais citoyen, sinon même comme un agent provocateur. »

Ce rappel des droits et des devoirs est sévère, mais juste. Il n'en jette pas moins un froid glacial dans certaines âmes.

Le préfet a beau ajouter qu'il se proposait de publier ces recommandations il y a quelques jours, qu'il ne l'a pas fait pour ne point alarmer les inquiétudes trop sensibles, et qu'il fait connaître ses vues aujourd'hui parce que la rentrée des caisses publiques montre bien que le péril s'éloigne, des gens regardent chez eux dans les coins pour retrouver les fusils rouillés et les sabres ébréchés et les porter au plus tôt à la mairie, quand on réclamera le dépôt des armes.

Enfin, soit par lassitude, soit pour toutes autres raisons intérieures, il n'y a plus en ville, à cette heure, cette nervosité aiguë qui poussait les foules, par soubresauts, vers elles ne savaient quoi.

La nuit est venue et a calmé encore davantage l'ébullition.

NANCY SAUVÉE

Nancy, 27 août 1914.

La situation s'améliore de jour en jour. La poussée de l'ennemi est arrêtée vers la trouée de Charmes, et il semble même que par là on refoule les Allemands assez vivement.

Bien que, vers Saint-Dié, nos troupes aient dû se replier, la résistance sur le Grand Couronné est solide. L'atmosphère, à Nancy, se purifie de toute l'angoisse qui la troublait.

On a repris un air légèrement ironique en parlant des Nancéiens qui sont partis. Je parais avoir une indulgence excessive lorsque je prétends qu'ils ont bien fait de s'en aller, ceux qui n'étaient pas nécessaires à la défense de la cité, à son labeur ou à son approvisionnement.

Nous avons appris que le ministère devenait ministère de Défense nationale. Je t'assure qu'il nous est bien indifférent de savoir qu'un tel a été remplacé par tel autre. Tout ministre nous est bon, pourvu qu'il fasse les affaires du pays, et on est convaincu que c'est bien cela le désir de chaque ministre. Alors, qu'on garde les uns ou qu'on choisisse les autres, c'est une chose qui n'a aucun intérêt pour nous.

Pourquoi le calme est venu si brusquement dans les cœurs nancéiens, je ne saurais te le dire au juste. Ce sont sans doute des informations imprécises, mais confiantes, des chuchotements mystérieux et souriants, des signes de tête, où on met tant d'événements heureux, qui ont déterminé cet apaisement. On ne voit pas très bien, mais on sent « qu'il y a bon », comme disent les soldats.

Puis ce soir, jeudi, on a installé, quand la nuit venait, cinq canons allemands pris dans le combat du 26 dans la région d'Erbéviller.

Tu peux imaginer quelles acclamations les ont salués quand ils sont passés, captifs, au faubourg Saint-Georges, par où devaient pénétrer les uhlans, dans la rue Saint-Georges et dans la rue des Dominicains.

Des territoriaux les gardent.

Et on nous avise que ces canons ne sont pas tous ceux qu'on a pris. Ce sont les moins fatigués. Les autres, on n'a pu les amener à Nancy parce que les affûts en étaient brisés.

Aussi quelle joie autour de ces trophées, sur la place Stanislas, aux pieds du grand roi de bronze qui fut le bienfaiteur de la Lorraine et le bâtisseur magnifique de la cité aux portes d'or.

On ne se lasse pas de regarder les tubes qui vomirent la mort sur nos soldats, et de maudire les monstres en se félicitant de leur impuissance présente.

On a tout oublié maintenant, les tristesses, les angoisses. Nancy est rayonnante de sourires.

Je vais avec Spohn voir encore une fois, dans la nuit, les canons captifs, car les incendies se sont éteints au loin, et la tour ne nous offre plus le même attrait passionné que ces jours derniers.

Puis on ira se coucher tranquillement quelques heures.

Cette journée a été comme le repos d'une fraîche oasis dans une marche désolée.

Nancy, 28 août 1914.

Aujourd'hui, nouvelles désagréables. Les Allemands ont bombardé Saint-Dié.

Longwy, qui avait héroïquement résisté depuis le début de la guerre, a dû capituler.

Mais les Russes s'approchent de Kœnigsberg et sont aux portes de Lemberg.

La joie de Nancy a été maintenue intacte par l'arrivée de deux nouveaux canons allemands sur la place Stanislas. La population défile devant eux avec un enthousiasme contenu, dont la vivacité transparaît au rayonnement des yeux. La vie reprend sans fièvre, d'une allure méthodique. Hier, on nous a rendu les tramways de Nancy à Champigneulles, pour la correspondance des trains seulement. On paie soixante centimes pour la nuit et quarante pour le jour. Cela devenait indispensable, car les voyageurs étaient obligés de porter pendant des kilomètres leurs valises sur le dos, ou de prendre une voiture qui coûtait les yeux de la tête.

On commence à soupirer après le retour de la gare à Nancy. Mais le rétablissement des trams est déjà une amélioration appréciable.

Le général commandant d'armes s'est rappelé qu'il n'avait fait qu'ajourner la sanction prise contre le journal. Le préfet m'a notifié de n'avoir pas à paraître ce soir.

Je n'ai donc pas travaillé au journal, et j'en ai été bien content. Comme l'ajournement avait été consenti à cause de la tristesse des nouvelles reçues, l'exécution de la sentence me prouve que les nouvelles sont meilleures. Dans ces conditions, cela devient un véritable bonheur que d'être « suspendu ». C'est la suspension bienheureuse.

Et encore le *Times* nous affirme qu'un détachement important de cavalerie russe s'avance à marches forcées dans la direction de Berlin.

C'est trop, c'est trop.

Le canon n'a cessé de tonner de 2 heures

du matin à 10 heures du soir. Et on raconte les choses les plus bouleversantes.

Voici deux renseignements qui ont besoin de contrôle. Je te les donne pour ce qu'ils valent. Tu les estimeras mieux à distance :

1° Deux corps d'armée allemands seraient dans les forêts de Mondon et de Parroy. On leur a envoyé un parlementaire pour les sommer de se rendre. Ils ont tiré sur le parlementaire sans l'atteindre. On leur a donné quatre heures d'armistice, puis on est en train de les pousser, en les bombardant, sous les feux du fort de Manonviller;

2° Le général Pau aurait dit qu'aujourd'hui il ferait quarante mille prisonniers.

Ce sont assurément des racontars. Ils te montrent l'état d'esprit de la population qui ne demande qu'à croire les choses les plus invraisemblables, pourvu qu'elles nous soient favorables. Tu passerais pour un mauvais citoyen si tu te permettais d'opposer le moindre doute aux affirmations ci-dessus.

Liégeois, Mory et Lenoble sont allés à Essey. Ils avaient pris goût à cette promenade. Cette fois, ils en sont revenus moins ardents. Il leur est arrivé en effet une fort méchante aventure.

Ils étaient dans une tonnelle à boire de la bière, pendant que des sous-officiers trinquaient à côté. Tout à coup, un sergent se lève, vient à eux et les arrête.

— Vous avez dit : « Voilà de sales Boches. »

Stupéfaction de mes collaborateurs qui n'en pouvaient croire leurs oreilles. Eux, avoir traité de « sales Boches » des soldats français ? C'était tellement fou qu'ils en étaient interloqués. Enfin ils se sont fait connaître. Ils ont montré l'invraisemblable stupidité d'une pareille accusation.

C'est avec beaucoup de peine, et en les menaçant, qu'on a consenti à les relâcher. Ils se sont juré de ne plus retourner par là. Ils sont guéris définitivement de leur amour de la banlieue, au moins pendant la guerre.

Spohn et moi sommes montés à la Cure d'Air, tout en haut de Nancy. La tour ne nous suffit plus.

On entendait le canon, mais on ne voyait

rien. Une épaisse brume couvrait la campagne d'un immense édredon gris sale.

Tout va bien. Du moins tout le monde est d'avis que cela va parfaitement. On n'a plus qu'à dériver avec paresse au courant des espoirs illimités.

Sur quoi je te dis gaiement :

Bonsoir, et à demain.

Nancy, 29 août 1914.

Ce matin, le canon, qui n'avait pas fait trop de bruit pendant la nuit, reprend avec force. Serait-ce que l'on continue à arroser les Allemands dans la forêt de Parroy? Peut-être bien. Après tout, cela n'est pas tellement invraisemblable.

On a fait courir le bruit que j'étais parti. Frion, mon inspecteur, a répondu gravement qu'en effet un zeppelin était venu me prendre en cachette au sommet de la tour.

Pourtant on me voit toute la journée à l'*Est*, et je cause volontiers avec d'innombrables personnes qui croient les journalistes mieux renseignés que ne le sont les simples citoyens.

Mais comme on signale des départs assez fréquents, quelques inquiets m'ajoutaient sans hésiter sur la liste. Je ne leur en veux pas, et nous avons beaucoup ri au récit des nouvelles de ce genre qui passent, et qu'on accueille généralement sans hésitation.

M. Vilgrain est venu me serrer la main. Il était triste. Je n'ai pas osé lui demander s'il avait confirmation de la mort de notre ami Laffitte.

On prend maintenant des habitudes.

Tous les soirs, Spohn et moi, après dîner, sortons dans la nuit déserte. Nous emmenons, en passant, M. Stadler, notre voisin, propriétaire du café de la Paix, qui fume sa pipe sur la porte.

Accompagnés par un magnifique chien danois, César, qui furette partout, nous descendons la rue Saint-Jean, la rue Saint-Georges, et nous arrivons devant le pont.

On ne peut pas aller plus loin.

Une sentinelle, fusil au poing, garde le passage. On entend.

— Halte-là!... Qui vive?... On ne passe pas!... Avance à l'ordre!...

Nous parions sur les chances des personnes qui essaient de rentrer à Essey ou à Saint-Max. Presque toutes reviennent en protestant. On ne leur a pas permis de retourner au village, et il faut qu'elles cherchent maintenant une chambre et un lit.

Nous nous appuyons au parapet et, sans plus bouger que des cariatides, la pensée fuyant au fil de l'eau, éclairés seulement par la lueur des cigarettes ou de la pipe, nous écoutons la voix des sentinelles, le grondement furieux des canons, la plainte sourde et longue des blessés que l'on débarque des péniches et que l'on installe dans les autos, et le silence énorme qui pèse sur la ville.

Nous restons là des heures à songer et à fumer, sans dire un mot.

Les cloches des horloges scandent le temps, qui n'a plus aucun prix pour nous. Une immense lassitude nous enveloppe et nous isole.

Puis l'un de nous dit :

— On rentre ?

— Oui.

D'un pas lourd, nous prenons le chemin de la maison pendant que César rôde de-ci de-là, et pousse du nez les extrêmement rares passants qui font un geste d'effroi.

On monte chez soi. Je regarde les dépêches — quand il y en a, — je pense aux miens qui sont je ne sais où, je t'écris, et je me couche — parce qu'en définitive il faut bien se coucher.

La mélancolie de la nuit que rythme le fracas du canon apaise pour quelques heures les soucis de la journée.

On a hâte d'être au lendemain pour savoir quelque chose que l'on espère et qui reste assez obscur.

Nancy, 30 août 1914.

Ce matin, le canon tonne encore très fort. Les Français, d'après les bruits qui courent en ville, repoussent les Allemands du côté d'Arracourt.

Cela ne surprend plus. On est maintenant convaincu qu'il ne restera bientôt plus un Prussien en Lorraine.

On ne pense même pas à cette phrase du communiqué officiel, qui est terrible de menaces :

« Des forces allemandes progressent dans la direction de La Fère. »

Aussi le soir, à 7 heures, quand Liégeois est venu m'apprendre que, d'après certains, on avait reçu l'ordre d'évacuer Nancy par quartiers, personne ne l'a cru.

Je l'ai, par acquit de conscience et intérêt professionnel, envoyé à la mairie. Il n'y a trouvé qu'un employé, lequel lui a paru ne rien savoir. Cette nouvelle s'inspire de la panique dominicale, qui est d'une surprenante régularité.

Dans la journée, j'ai vu mon ami Danis, directeur de l'École professionnelle de l'Est. Il proteste avec énergie contre le départ de certaines personnalités, dont le devoir était de rester à Nancy.

Aujourd'hui, comme tu vois, les informations ne sont pas nombreuses. Elles ne se rattrapent pas par la qualité, car elles ne sont pas précises non plus.

Au fait, nous ne savons rien de ce qui se passe. Rien, sinon que notre artillerie est toujours en action, et avec quelle violence!

Nancy, 31 août 1914.

Mon confrère Noury, de Lunéville, vient me voir. Bien qu'ayant dépassé l'âge de la mobilisation, il s'est engagé dès le début de la guerre dans les chasseurs à pied, et vraiment, à le voir si alerte, on ne lui donnerait pas plus de trente-cinq ans.

Les Allemands ont occupé Lunéville. Il a dû se retirer avec son régiment, laissant là-bas sa femme et ses deux fillettes.

Il connaît les horreurs commises à Gerbéviller. Il sait que les Allemands ont tout pillé et brûlé, qu'ils ont incendié l'orphelinat et fusillé de pauvres gosses qui tentaient de s'échapper par les toits.

Il est anxieux, et pourtant montre une fermeté étonnante. Je comprends difficilement que l'homme résiste à d'aussi terribles angoisses.

Ce soir, croit-il, on va bombarder Lunéville pour en déloger les Allemands. Et cette éventualité, qui fait courir à sa famille un double danger, multiplie à l'infini l'inquiétude horrible de Noury.

Quelle misère !

Dans l'après-midi, par contraste, j'ai la visite de Dominique Bonnaud, de la *Lune Rousse*. Il est chargé des relations entre la presse et la préfecture. La charge ne lui donnera guère de travail, car si la préfecture communique peu de chose, elle envoie ce peu directement.

Nous avons parlé non point de la guerre, — qu'est-ce que nous aurions pu en dire ? — mais de Montmartre, de Montoya, de Fursy. Je l'ai présenté à quelques amis rencontrés, qui ont été fort heureux de voir qu'un Parisien ne craignait pas, alors que rien ne l'y obligeait, de venir à Nancy nous tenir compagnie.

Bonnaud est un camarade charmant, avec lequel j'ai eu le plus grand plaisir à bavarder une bonne heure. Et puis, c'est vraiment gentil, d'une coquetterie que j'apprécie, de lâcher la Butte, par ces temps peu sûrs, pour une ville en péril d'invasion.

Oui, c'est crâne, ma foi.

Nous avons aussi parlé des bombes qui ont été lancées hier sur Paris par un aéroplane allemand, et nous avons décidé que c'était un fait divers assez sensationnel, mais pas suffisamment pour troubler les Parisiens.

M. Mirman a visité les blessés dans les hôpitaux. Il a annoncé que, dans notre région, l'action de l'ennemi avait été arrêtée, puis nettement dominée, et que dans toutes les localités où les blessés étaient tombés, les Allemands venaient d'être repoussés. Il leur a aussi apporté l'expression de la gratitude de Nancy qui, grâce à leurs efforts, était débarrassée aujourd'hui de l'angoisse qui pesait sur elle.

Et enfin, ce même dimanche, qui était hier, — pour ne rien oublier, — on amenait sur la place Stanislas, auprès des sept canons prisonniers, une mitrailleuse allemande.

Alors, tu comprends, c'est là joie sans fin.

Nancy, 1er septembre 1914.

Hier matin, lundi, M. Mirman a reçu le personnel des Postes et Télégraphes, qui était parti le 22 août, qu'on avait conduit un peu partout, et même, si je ne me trompe, jusqu'en Bretagne. Il a dit :

« Vous voici de retour à Nancy. Votre départ a causé ici une grosse émotion. De ce départ vous n'êtes en aucune façon responsables. Vous êtes soumis à une rigoureuse discipline. Vous avez reçu un ordre précis de départ. Quelle que fût votre tristesse, vous ne pouviez pas ne point l'exécuter. Vous ne pouviez pas le discuter. Vous deviez obéir. Vous avez obéi. »

Le préfet a assuré que la population ne ferait point peser sur le personnel une responsabilité morale qui ne lui appartient pas. C'est exact. On n'en veut pas aux postiers, qui ont exécuté des ordres supérieurs.

Le nouveau directeur, M. Ravillon, a

assuré M. Mirman du dévouement de ses collaborateurs.

Tout est bien qui finit bien.

Le communiqué consent à nous renseigner sur les événements de ces jours passés.

« On se rappelle, dit-il, que nos forces, qui avaient pris l'offensive dans les Vosges et en Lorraine dès le début des opérations et repoussé l'ennemi au delà de nos frontières, ont ensuite subi des échecs sérieux devant Sarrebourg et dans la région de Morhange, où elles se sont heurtées à des organisations défensives très solides. »

Oui, on se le rappelle en effet, on se le rappelle cruellement.

« Ces forces ont dû se replier pour se reconstituer, ajoute la dépêche officielle, les unes sur le Grand Couronné de Nancy, les autres dans les Vosges françaises.

« Les Allemands sont alors passés à l'offensive ; mais, après avoir repoussé les attaques ennemies sur les positions de repli qu'elles avaient organisées, nos troupes ont repris l'attaque depuis deux jours.

« Cette attaque n'a cessé de progresser,

bien que lentement. C'est une véritable guerre de siège qui se livre dans cette région : toute position occupée est immédiatement organisée de part et d'autre; c'est ce qui explique la lenteur de notre avance, qui n'en est pas moins caractérisée chaque jour par de nouveaux succès locaux. »

Allons, puisqu'il n'y a pas moyen de faire autrement, ayons patience. Nos soldats sont merveilleux. Les civils n'ont qu'à leur ressembler dans la modeste mesure où ils le peuvent.

Mais ce qui prouve que nous ne serons pas dégagés de quelque temps, c'est d'abord que le canon ne cesse de faire tapage, ensuite qu'il est interdit aux habitants de la rive gauche de la Meurthe de passer sur la rive droite. Cela n'est pas pour faciliter les échanges. Au surplus, qui se soucie d'échanger quoi que ce soit maintenant, sauf de bonnes nouvelles?

Fraternelle accolade.

Nancy, 2 septembre 1914.

Le canon a tonné une grande partie de la nuit, et ce matin encore. On s'habitue à cette musique, qui n'émeut plus personne. On se contente de se demander de quel côté vient le bruit, et on fait des hypothèses. C'est tout ce qu'il y a faire pour l'instant.

Pour compléter la circulaire sur les laissez-passer — ou plutôt sur les empêchez-de-passer — d'une rive à l'autre de la Meurthe, on nous avise que la circulation des automobiles civiles dans le Grand Couronné est interdite, que la circulation des bicyclettes est également interdite, que les automobiles de la Croix-Rouge circulant seules seront arrêtées et confisquées, enfin que seules pourront circuler les automobiles de la Croix-Rouge formant un convoi précédé d'un militaire portant un pli rouge.

Il y avait en effet abus dans la circulation des automobiles, comme il y avait eu abus dans le port des brassards. Au début de la guerre, il fallait être vraiment abandonné des dieux et méprisé des hommes pour n'avoir point au moins un brassard à épingler sur la manche. Un homme sans brassard était considéré comme le dernier des derniers.

On a décidé de délivrer des sauf-conduits exclusivement aux personnes chargées de ravitailler la commune ou d'apporter à Nancy des produits alimentaires. Ces voyages auront lieu de 6 heures du matin à 6 heures du soir.

Pour cet approvisionnement, la municipalité a obtenu de l'autorité militaire la mise en marche d'un train de marchandises de Chagny (P.-L.-M.) à Nancy.

Grâce à quoi nous ne mourrons pas de faim.

Le préfet a pris aussi l'arrêté que voici :

« Considérant qu'il est bon de mettre un terme aux signaux lumineux qui, à diverses reprises, ont été signalés, et que la seule mesure efficace pour atteindre ce but paraît être l'interdiction absolue d'éclairer les fenêtres; qu'une telle mesure constituera, à n'en pas douter, une gêne pour tous les habitants, mais que cet inconvénient sera allégrement supporté par la patriotique population nancéienne, consciente de l'intérêt public qu'il faut à tout prix sauvegarder,

« ARRÊTE :

« Art. 1. — A partir du 2 septembre et jusqu'à nouvel ordre, dès la tombée de la nuit, nulle fenêtre ne pourra être éclairée.

« Art. 2. — Tout agent ou représentant de la force publique aura droit de perquisition chez l'habitant qui enfreindrait cet ordre. »

En effet, on se plaignait beaucoup des signaux lumineux. Et déjà des citoyens plus particulièrement nerveux avaient dénoncé d'autres citoyens dont la négligence était le seul crime. On va pouvoir maintenant établir la différence entre les braves gens et les espions. Au fond, est-ce bien sûr?

Le certain est que Spohn, Stadler, moi et César, nous aurons des nuits plus obscures pour notre promenade au port Saint-

Georges. Comme le dit le préfet, « nous supporterons allégrement cet inconvénient ».

Des bombes ont été lancées sur Paris : l'une rue de Hanovre, près de l'avenue de l'Opéra, l'autre sur un immeuble de la rue du Midi. Les dégâts sont insignifiants. Les Parisiens se sont, paraît-il, bien amusés.

Nous continuons, nous, à écouter le canon. Mais comme nous ne savons rien, tu m'excuseras de ne pas te dire grand'-chose.

Nancy, 3 septembre 1914.

Chez nous la situation reste sans changement. Le communiqué le dit. La voix constante du canon le proclame.

L'*Humanité*, d'autre part, affirme que tout sera tenté pour empêcher l'envahisseur d'arriver à Paris, et que la capitale sera défendue avec énergie.

Quelle horreur d'avoir à envisager pareille éventualité!

Vers le milieu de la journée, nous apprenons qu'un corps de cavalerie allemande marche vers la forêt de Compiègne. Et ce m'est une douleur atroce, au milieu des soucis qui m'assiègent, de savoir que Paris est en danger, et que peut-être la ville exquise, la ville aimée, la ville parfaite sera envahie par les hordes prussiennes et mise à feu et à sang.

Tout disparaît devant cette conception d'horreur.

Et voici aussi que le Gouvernement a quitté Paris avec le Président de la République. Quelles abominables nouvelles allons-nous recevoir demain?

Je crois que le Gouvernement a bien fait de s'en aller. Mais l'avenir devient plus sombre.

« J'ai reçu mandat de défendre Paris contre l'envahisseur, écrit le général Gallieni. Ce mandat, je le remplirai jusqu'au bout. »

Ces paroles présagent des heures plus terribles encore que celles que nous avons entendu sonner.

Ici, on nous a enlevé les canons allemands et la mitrailleuse pour les conduire plus loin, à l'intérieur, et on a fusillé plusieurs espions, entre autres un surpris au moment où il coupait des fils téléphoniques, un autre qui faisait des signaux dans un clocher, et un troisième qui posait une antenne de télégraphie sans fil.

Je vais tristement me reposer, si je peux, en songeant à mon cher Paris.

Nancy, 4 septembre 1914.

Une bombe! Nous avons reçu une bombe. Deux bombes, même.

Je montais à midi pour déjeuner. Spohn, qui était sur la terrasse, vint à moi.

— Vous n'avez pas entendu?

— Quoi? le canon?

— Non. Rien.

Nous nous asseyons. Nous avions à peine commencé à attaquer les hors-d'œuvre que mon collaborateur Lenoble paraît.

— Un aéroplane allemand, me dit-il, vient de jeter une bombe sur la place de la Cathédrale. Un homme a été tué, deux autres ont été blessés, ainsi qu'une fillette.

— Ah! s'écrie Spohn. Je savais bien que c'était ça. Je n'ai pas osé insister de peur que vous vous moquiez.

Nous partons tous vivement, et sur la place on nous conte la chose.

Tout à l'heure, un aéroplane, volant à une telle hauteur qu'il était presque invisible, a lancé deux bombes.

L'une est tombée rue du Maréchal-Exelmans, dans une petite cour. L'engin a fait voler en éclats les fenêtres du n° 55 et des habitations voisines. Le soubassement de la maison a subi quelques dommages. La trappe de la cave a été brisée. Pas de victime. C'est tout.

La seconde bombe est tombée sur la place de la Cathédrale, devant la vespasienne, dont le garde-vue en tôle a été presque entièrement percé par les projectiles, et a creusé un trou de vingt centimètres.

La mitraille que contenait la bombe a traversé les volets de fer d'une boucherie au rez-de-chaussée, et causé d'assez sérieux dégâts au premier étage.

L'hôtel de la Poste a reçu une grande quantité d'éraflures. La façade de la cathédrale a été criblée. Toutes les façades voisines ont subi de cruels dommages.

Des soldats ont tiré sur le taube, mais n'ont pu l'atteindre.

Bientôt après, deux avions français prenaient en chasse le bandit ailé.

Un vendeur de journaux, Michel Bordener, a eu le crâne fracturé. Une fillette, Angèle Roux, âgée de treize ans, a été atteinte à la tempe droite. La fillette et le marchand de journaux sont morts.

Il y a trois blessés.

Effet sur la population? Nul. Si, pourtant. Tout Nancy a défilé dans l'après-midi sur la place de la Cathédrale, examinant avec intérêt les traces laissées par la bombe.

« Nancy, ai-je écrit dans le journal, a l'air vraiment d'avoir reçu non pas deux bombes, mais plutôt une décoration de guerre.

« Si les Allemands ont compté, en tuant un marchand de journaux et une fillette, terroriser Nancy, ils se sont étrangement trompés. Ce sont des victimes de la guerre, comme le sont nos soldats morts au feu. Nous les honorons. Nous ne pleurons pas.

« Non. Ce qu'on a retenu de cette affaire, c'est que, pour produire un effet colossal, les avions allemands ont détérioré la façade d'une charcuterie et n'ont réussi qu'à transformer en monument presque historique une vespasienne. »

Voici donc la première blessure qui atteint Nancy. La courageuse cité a été très crâne. Elle n'a même pas consenti à paraître émue. C'est bien.

... On nous télégraphie que dans la région de Paris il n'y a eu aucun contact.

Dans la région de Paris !...

Nancy, 5 septembre 1914.

« En Lorraine et dans les Vosges, dit le communiqué, le combat continue, pied à pied, et avec des alternatives diverses. »

Ces nouvelles sont aussi enveloppées de mystère que la partie du télégramme officiel où l'on nous affirme « que l'ennemi paraît négliger Paris pour poursuivre sa tentative de mouvement débordant ».

Nous tendons le dos, simplement, puisque nous n'avons plus, pour occuper notre imagination, que de sommaires bouts de phrases qui ne disent pas grand'chose ou rien du tout.

On va visiter le pauvre petit trou creusé par la bombe d'hier, et on peste contre les espions. L'espionnage est actuellement le plus fréquent sujet de conversation. De temps en temps on arrête dans notre salle de dépêches de braves gens qui, ayant l'accent un peu rude, sont pris pour des Allemands.

L'un d'eux, qu'on avait enfermé dans un de nos locaux, attendant son transfert au commissariat de police, me prend à témoin.

— Vous le savez, Monsieur, je suis un honorable commerçant. Vous me connaissez, n'est-ce pas?

— Oui. Un instant d'entretien avec le commissaire de police vous délivrera. Qu'est-ce que vous voulez? Il faut avoir de la patience et du calme.

— De la patience? du calme? J'en ai plus que personne. Sous prétexte que je porte des lorgnons à monture d'or, et que ma moustache est blonde et taillée court, voilà la septième fois que l'on m'arrête depuis dimanche. Je voudrais vous y voir.

— Non, merci, lui ai-je répondu gaiement. J'aimerais mieux, à votre place, me raser complètement et porter des lunettes avec monture d'acier.

Cette plaisanterie ne l'a pas consolé, et pour la septième fois il a été conduit au poste.

Le haut commandement d'ailleurs insiste par la note que voici :

« Les municipalités devront surveiller avec le plus grand soin, sous leur responsabilité et sous peine de sanctions sévères, les individus suspects, les clochers d'où peuvent partir des signaux lumineux, les lignes télégraphiques et téléphoniques. »

Comme on est toujours suspect à quelqu'un, on risque à chaque moment d'être signalé. C'est un des multiples et petits désagréments de la guerre. Il est des gens qui supportent cela sans bonne humeur.

Les sauf-conduits de toute nature et pour toutes les directions sont délivrés à la préfecture. Le commissaire central n'en donne plus, en attendant — ce qui ne tardera pas — que l'on confie de nouveau ce service à la police après l'avoir enlevé à la préfecture.

Quant à la circulation des bicyclettes, qui avait été interdite sur la rive droite de la Meurthe, elle est maintenant interdite également sur une partie de la rive gauche.

Nous sommes, à Nancy, dans l'état d'esprit du couvreur qui, tombé du toit, se disait à la hauteur du second étage :

— Jusqu'ici ça ne va pas trop mal. Pourvu que ça dure !

Mais le couvreur était à peu près certain de se casser les reins. Tandis que j'ai toujours la plus ardente confiance en notre destinée.

Nancy, 6 septembre 1914.

Aujourd'hui dimanche, jour sans joie parce qu'il n'est pas accompagné par le rythme du travail régulier.

Que veut dire ceci, qu'en cinq lignes nous adresse le Gouvernement militaire?

« L'ennemi, poursuivant son large mouvement de conversion, continue à laisser le camp retranché de Paris sur sa droite, et à marcher dans la direction du sud-est. »

Jusqu'où marcheront les Allemands dans la direction du sud-est? J'aime mieux n'y pas songer, et tout ce que j'entends ramène ma pensée à cette phrase sinistre.

J'écris, pour fuir l'obsession, un article qui demande de la patience, de la patience, une persévérance entêtée.

Nancy, 7 septembre 1914.

C'est hier, pendant que l'armée allemande, continuant à s'éloigner de Paris, poursuit vers le sud-est le mouvement entamé par elle depuis deux jours, que l'Angleterre, la France et la Russie se sont mutuellement engagées à ne pas conclure de paix séparée.

C'est un acte important et d'une loyauté parfaite. Nous serons, nul n'en doute, victorieux. Nous en aurons terminé avec la hargneuse menace allemande qui brisait nos efforts pacifiques et rabattait les ailes à toutes nos initiatives, à tous nos espoirs.

Pour notre situation en Lorraine, je ne peux plus rien dire, sinon que nos troupes continuent à se battre, que le canon ne cesse de gronder, que nous repérons à ce bruit, avec une suffisante précision, les endroits où se trouve l'artillerie, où nos soldats tentent de nous délivrer. Les blessés qui arrivent racontent seulement qu'ils ont été blessés, mais ne savent pas plus que nous où on en est.

Il nous semble que le plus fort de l'action se passe du côté de Blainville.

Lenoble est venu, après quelques hésitations, me dire qu'il avait entendu en ville des bruits désagréables sur le compte du journal. Il prétend qu'il faut y couper court. C'est bien pour lui faire plaisir que j'ai rédigé la note suivante :

« Pour ceux qui ont manqué le train. — Des imbéciles, dont tout le courage est d'avoir manqué un train, des semeurs de panique glorieusement obligés à un héroïsme inconsolable parce qu'ils n'ont pu obtenir un laissez-passer, ont insinué d'abord que l'*Est Républicain* n'allait pas paraître, affirmé ensuite qu'il avait failli ne pas paraître.

« Le bruit a été facilement accueilli par certaines crédulités promptes à s'émouvoir.

« L'*Est* continue sans se troubler.

« Il cesserait de paraître :

« 1° Si Nancy était jamais occupée par les Allemands ;

« 2° Si le papier ou l'encre venaient à manquer.

« Aucun de ces événements n'entre dans nos prévisions. — La Direction. »

J'espère que cette note, d'une sévérité un peu dure, fermera la bouche aux semeurs de panique et apaisera les cœurs et les esprits qui ont confiance en nous.

On a constitué aujourd'hui un comité chargé d'organiser l'assistance aux familles des villages voisins de la frontière victimes de faits de guerre et qui, privées de tout abri, sont venues à Nancy chercher un refuge.

Voilà une bonne œuvre, et nécessaire. Elle est présidée par le préfet, l'évêque et le maire. Les lamentables réfugiés auront donc une organisation à qui s'adresser. Hélas! quand pourront-ils rentrer chez eux?

Nancy, 8 septembre 1914.

D'après le *Daily Mail*, le général la Faim travaille pour nous.

Je te déclare tout de suite que je me méfie énormément de ces formules admirables qui prennent figure de mots d'auteur. Il est possible, probable même, que l'Allemagne soit fort gênée dans ses ravitaillements, mais j'aime mieux compter sur nos vrais soldats et sur nos vrais généraux que sur ces auxiliaires éventuels que l'on appelle « la Faim » et « le Temps ». Nous avons déjà assez de tendance, dans notre pays, à être des inspecteurs du travail pour que je puisse, sans une sorte de remords, propager des théories qui donnent trop d'importance à la besogne d'autrui, surtout quand cet autrui est un espoir, une illusion, ou tout bonnement une probabilité.

Le communiqué nous assure qu'aux environs de Paris, dans le voisinage de l'Ourcq, l'issue des combats a été favorable à nos troupes.

De nous, dans ce même communiqué, il n'est pas question. Notre situation doit être, suivant le mot consacré, « inchangée ». C'est-à-dire que nos soldats tiennent. Le canon nous en apporte la certitude, puisque son grondement ne se déplace pas.

La population n'a pas abandonné son calme. Elle s'est remise à l'œuvre, et l'on voit moins de curieux dans les rues et devant notre journal.

Dans ma quotidienne promenade je n'ai plus constaté un seul mouvement de nervosité.

Nancy, 9 septembre 1914.

La belle nuit, mon cher ami, que j'ai passée! La belle nuit blanche!

Vers 3 heures du matin, on m'apporte la dépêche officielle. Je la recopie par plaisir, bien qu'elle soit destinée à être vieille de quelques jours pour toi lorsque tu recevras cette lettre.

« Les armées alliées sont en progression continue depuis les rives de l'Ourcq jusque dans la région de Montmirail.

« Les Allemands se replient dans la direction de la Marne, entre Meaux et Sézanne.

« Les troupes anglaises ont fait de nombreux prisonniers, dont un bataillon d'infanterie et une compagnie de mitrailleuses. Elles ont pris de nombreux caissons.

« De violents combats se sont livrés entre Fère-Champenoise, Vitry-le-François et la pointe sud de l'Argonne.

« Nous n'avons été nulle part refoulés, et

l'ennemi a perdu du terrain aux abords de Vitry-le-François, où un mouvement de repli de sa part a été nettement constaté. »

Voilà des nouvelles comme nous n'avons plus guère coutume d'en recevoir. Aussi, Mory, mon secrétaire de rédaction, avait le large sourire, et les linotypistes composaient la copie amoureusement.

Pour nous aussi il y a du bon. Moins bon assurément, mais gentil tout de même :

« Une division allemande a attaqué sur l'axe Château-Salins—Nancy, mais elle a été repoussée au nord de la forêt de Champenoux. »

Eh! ma foi, ce n'est pas mal non plus, n'est-ce pas?

Un peu plus tard :

« Les Allemands ayant franchi, dans leur mouvement de retraite, le Petit Morin, se sont livrés, en vue de protéger leurs communications, à de violentes et infructueuses attaques contre celles de nos forces qui occupent la rive droite de l'Ourcq.

« Nos alliés les Anglais poursuivent leur offensive dans la direction de la Marne. Sur les plateaux du nord de Sézanne, nos troupes progressent, bien que péniblement. »

Le « mouvement de retraite des Allemands », ce sont des mots assez nouveaux et qui brillent comme des soleils.

Et encore quelque chose d'aimable pour la Lorraine.

« Situation bonne en avant de Nancy et dans les Vosges. »

J'ai, pour fêter ces heureux événements, invité quelques-uns de mes collaborateurs à déjeuner demain.

Quelques personnes s'étaient émues du départ d'un certain nombre d'automobiles. Le préfet, dans une note, assure que les autos qui ne servaient à rien ou servaient à la simple distraction des promeneurs, gênaient la circulation des voitures utiles. On les a donc envoyées ailleurs.

Mais, mieux que tout raisonnement, la lecture du communiqué a remis en place les nerfs des citoyens agités.

Le commissaire central proteste contre l'inobservation de l'arrêté préfectoral concernant les lumières. Il y a encore trop de fenêtres éclairées. Ce soir, je ne les verrai pas. Je suis tellement fatigué que je me coucherai dès cette lettre terminée. D'autant que le temps est menaçant, si les nouvelles sont on ne peut plus rassurantes.

Je te souhaite une aussi bonne nuit que celle que je vais passer, dans la joie de « la retraite allemande » et la fatigue de vingt-quatre heures de travail ininterrompu.

A demain, mon cher ami, et fraternelle accolade.

Nancy, 10 septembre 1914.

Non, mon cher ami, la nuit n'a pas été aussi tranquille que je me le promettais.

J'étais couché depuis peu de temps quand un bruit violent m'éveille. La foudre, sans doute? Dans mon engourdissement j'entends d'étranges miaulements.

Qu'est-ce que ça peut être? Les miaulements sont suivis d'éclatements formidables.

Ah! bon! Ce n'est pas l'orage ni la foudre, bien que la pluie tombe à torrents. C'est un bombardement.

Je ne bouge pas et j'attends dans mon lit, suivant de la pensée le trajet des obus, et les repérant de mon mieux.

— Miaou! Boum!

— Et voilà un pour la gare!

— Miaou! Boum! Dégringolade de vitres cassées.

— Celui-là est pour les Magasins Réunis!

— Miaou! Boum!

— Ah! celui-ci est plus loin! Dans la rue Saint-Jean, probablement.

Cela continue. Et moi aussi je continue à me demander si c'est le dixième obus, ou le vingtième, ou le centième qui entrera dans ma chambre par la fenêtre.

Subitement, le timbre du téléphone se met à grelotter à la tête de mon lit.

— C'est moi, Liégeois. Vous entendez, chef? Miaou! Boum!

— Oh! très bien.

— Une vingtaine d'avions dans l'orage planent et tournent au-dessus de Nancy et lâchent des bombes. C'est curieux, hein? Vous ne trouvez pas?

— Oui, très curieux.

— Ah! si vous voyiez ça d'ici! Ma femme est à la fenêtre en train de contempler le spectacle. On dirait que des bombes tombent du côté du journal.

— Oui. Il semble en effet qu'elles ne tombent pas loin.

— Qu'est-ce qu'il faut faire?

— Laisser tomber. Ni vous ni moi ne pouvons l'empêcher.

Je sens pourtant que Liégeois est impatient d'agir.

— Je vais au journal, hein, chef?

— Mais non. Restez chez vous. Quand ce sera fini, arrivez.

Je raccroche, et, pour ne pas donner de point de repère aux avions, je ferme le commutateur et fais l'obscurité.

Je vois la chambre de Spohn éclairée au bout du couloir. Je crie :

— Dites-moi, cher ami, éteignez donc, je vous prie. Vous allez nous faire repérer!

Spohn éteint, puis glisse à tâtons jusqu'à ma chambre. J'entends sa voix dans le noir.

— Qu'est-ce qu'il y a ?

— Il y a que des avions nous survolent et nous envoient des bombes.

— Tiens, dit-il, je rêvais que j'étais au bord de la mer et que le vent sifflait dans les tamarins. Ce sont donc les obus qui miaulent ainsi?

— Il paraît.

— Qu'est-ce qu'on fait?

— On attend que ce soit fini.

— Vous ne croyez pas qu'on serait mieux

à la cave? reprend Spohn après un moment de réflexion.

— C'est une opinion défendable en effet. Je n'y avais pas songé.

Je rallume, je m'habille sommairement et je descends à la chaufferie avec Spohn, pendant que les projectiles miaulent, éclatent, et que la pluie tombe, et que le tonnerre gronde.

Près des chaudières la concierge est déjà installée avec son mari. Elle ne se préoccupe guère du bombardement. Une seule chose la tracasse, c'est le prix du fromage. Elle me conte, avec des détails extrêmement minutieux, qu'elle est allée ce matin au marché et qu'elle n'a pu s'approvisionner nulle part, « tellement c'était cher, Monsieur ».

Son mari la regarde avec des yeux moitié stupéfaits, moitié goguenards. Cette conversation au milieu du tapage assourdi, mais tout de même infernal, que font l'éclatement des obus et les coups de tonnerre, est la scène la plus folle qu'on puisse imaginer.

Spohn, appuyé contre la forge, a repris sans doute son rêve et entend, au bord de la mer, souffler et siffler le vent dans les aiguilles des tamarins. Il dort.

Pour moi, j'admire que la concierge ne tarisse pas, et qu'elle puisse, sans qu'on l'excite par une réponse, tenir un pareil sujet pendant si longtemps.

L'orage s'est calmé, les explosions se sont apaisées. Il est 12h45. J'ai compris, par la régularité des chutes, qu'il ne s'agit pas de bombes d'avions, mais de l'envoi d'obus par l'artillerie ennemie.

— Allons, ami, dis-je à Spohn, debout! Il doit y avoir des incendies en ville. Il faut partir aux renseignements.

— Oui, fait-il vivement. Montons à la tour. Nous verrons mieux.

On grimpe. De la passerelle qui domine les toits on constate que des flammes s'élèvent très haut vers la droite.

Nous descendons et prenons au passage M. Stadler, qui fume sa pipe.

La pluie ne tombe plus que goutte à goutte.

Où est l'incendie?

— Rue de la Hache, dit-on.

On traverse la place du Marché jonchée de débris de pierre et d'éclats de mitraille. Le cadran de l'église Saint-Sébastien est noir, troué comme un œil crevé.

Les pompiers travaillent à éteindre le feu allumé par un obus chez M. Fribourg, banquier, rue de la Hache.

On va plus loin. Tout au long de la rue Saint-Dizier les fils téléphoniques, télégraphiques et des tramways jonchent le sol. Je demande à un agent si on a arrêté le courant. Il me répond qu'il va téléphoner. Au fait, le courant est sans doute coupé depuis longtemps.

Dans la rue de la Faïencerie, une femme est à la fenêtre et interpelle avec le savoureux accent lorrain une voisine qui se trouve dans la rue.

— Hé! Marie, j'ai là un obus qui n'a pas éclaté. Tu veux que je te le jette?

Et l'autre lève les bras, effrayée.

— Touche pas! touche pas!

Des gamins, dans la rue Saint-Nicolas, ont

tout de suite compris le parti qu'ils pouvaient tirer, pour s'amuser, des circonstances. Ils imitent admirablement le miaulement des obus.

— Miâooou !

Et tout le monde se serre en hâte contre les murs, en entendant la plainte sinistre.

Dans la nuit toute mouillée, on bute contre les plâtras, on trébuche aux moellons démolis, on cogne aux volets arrachés, on enjambe les amas de tuiles hachées.

Il y a dehors un monde fou. Toute la ville a voulu voir ça. C'est un brouhaha incessant, avec des appels de compagnons qui se sont perdus dans la foule. Et toujours les miaulements et les sifflets des gosses qui trouvent cette plaisanterie adorable.

Des gens disent :

— On se croirait au Quatorze Juillet. Il y avait même feu d'artifice.

Je suis rentré pour te conter tout cela sommairement, et je prends maintenant, dans le griffonnage de Mory, qui écrit sur un coin du marbre, les renseignements complémentaires. Ils ne sont peut-être pas strictement exacts, car Lenoble et Liégeois ont dû rassembler au plus vite les matériaux du récit, et il est à peine $3^h 30$ du matin.

Ils te donneront cependant, à toi qui vis loin de ces émotions, l'impression de ce qui s'est passé à Nancy cette nuit que je prévoyais si délicieusement calme.

A la faveur d'une nuit d'orage, les Allemands ont pu amener quelques pièces — très probablement deux — assez près de Nancy pour envoyer quelques boulets sur notre ville.

Il était environ $11^h 20$ quand le premier obus, après le sifflement bien caractéristique, a éclaté sur nous.

La plupart des gens dormaient, et beaucoup, dans la stupeur d'un subit éveil, ont cru simplement que la foudre venait de tomber non loin d'eux. A ce moment, d'ailleurs, l'orage battait son plein et une pluie diluvienne tombait au milieu des éclairs et des roulements de tonnerre.

Mais voici un nouveau sifflement et un second éclatement. Plus de doute, il s'agissait bien d'un bombardement.

On fit alors ce que la prudence commande en pareille occurrence. On abandonna rapidement son lit, et les habitants des étages supérieurs descendirent au rez-de-chaussée et surtout dans les caves.

Une fois en sûreté, on laissa tranquillement passer la tourmente, en essayant de repérer les endroits sur lesquels la mitraille s'abattait.

Il y avait généralement deux coups très rapprochés, on pourrait dire deux coups jumeaux. Mais, si le premier éclatait avec un vacarme assourdissant, le second était beaucoup plus sourd, et l'on pouvait se demander même si le dernier avait produit son effet.

De temps en temps, l'éclatement était suivi du bruit crépitant d'une toiture brisée.

On peut évaluer à une cinquantaine le nombre des obus qui se sont abattus sur notre ville, entre 11 heures et 12^{h}45. Dans l'intervalle, on avait pu entendre, à partir de minuit, la réponse très nette de notre artillerie. Puis tout s'était tu, en même temps que cessait également l'orage.

Ce fut bientôt, de toutes parts, une ruée

des habitants dans les rues. Insoucieux du danger, nos concitoyens étaient avides de se rendre compte des dégâts.

Des lueurs d'incendie guidaient les curiosités. Le feu était, disait-on, dans une fabrique de brosses de la rue Sainte-Anne. On voyait aussi des flammes dans les parages du Marché, vers la rue de la Hache et rue Saint-Dizier.

Nos braves pompiers étaient d'ailleurs depuis longtemps sur les lieux, et tous les sinistres ont pu être, grâce à leur activité, rapidement conjurés.

L'église Saint-Sébastien a été pour sa part honorée de deux boulets. L'un d'eux a troué l'horloge en plein centre. Un autre a frappé le côté gauche de l'édifice, se bornant à enlever quelques plâtras. Aux alentours, des fenêtres et des marquises en verre ont eu leurs vitres brisées. Il en a été de même de la vespasienne qui se trouve à l'angle de la place, en face de la rue Saint-Thiébaut.

Le tir allemand semble s'être concentré sur un espace assez restreint, allant de la rue Jeannot et de la rue Saint-Anne à la rue Clodion, en passant par la rue de la Faïencerie, d'un côté, et ne dépassant pas, de l'autre côté, la rue de la Hache.

Rue Jeannot, 11, une bombe a enfoncé la toiture et est allée ressortir par une fenêtre du second étage. Une autre a démoli un pan de mur de l'école de filles dirigée par Mlle Bellieni. Les locataires de l'immeuble, au nombre de vingt-quatre, étaient heureusement descendus dans les caves.

Rue Sainte-Anne, deux obus sont également tombés. L'un, comme on l'a vu, a mis le feu à la fabrique de brosses, l'autre a enfoncé un mur. Il y aurait eu, malheureusement, là, des victimes. Une femme aurait été tuée, ainsi que le bébé qu'elle portait sur les bras.

Un autre enfant suivait, mais il n'a pas eu de mal.

Au numéro 22 de la rue Saint-Nicolas, la charcuterie Louis a beaucoup souffert. Une dizaine de personnes s'étaient réfugiées dans les caves. Soudain, un nouvel obus éclate, défonce le trottoir et brise une conduite d'eau. Un torrent s'échappe aussitôt de la blessure et, par un soupirail, inonde la cave que tous les réfugiés doivent évacuer au plus vite, sous peine d'être noyés.

Deux bombes aussi, rue de la Faïencerie, à l'angle de la rue Saint-Nicolas. L'une a ébréché la corniche. L'autre n'a pas éclaté. Elle est restée dans le grenier.

Une corniche est aussi entamée au numéro 9 de la rue Saint-Nicolas.

Dans la rue de la Hache, une bombe a allumé un incendie chez M. Fribourg, banquier. Le feu a été éteint définitivement vers 3h 30. On ne croit pas qu'il y ait là des victimes.

La rue Saint-Dizier n'a pas été plus épargnée que la rue Saint-Nicolas, sa voisine.

Une bombe a éventré une fenêtre du premier étage de la maison Hanrion, tuant Mme Terlin, une octogénaire, et sa bonne; une seconde a fait de gros dégâts à la pharmacie Camet; une troisième a semé, parmi les plâtras, les marchandises de la mercerie Beffeyte.

Deux personnes auraient été tuées, ou grièvement blessées, au numéro 57 de la rue

Clodion. On parle d'une femme qui a les jambes broyées, mais on n'a pas encore de renseignements très précis à ce sujet.

M. Mirman, préfet, M. Simon, maire de Nancy, M. Devit, adjoint, et M. Prouvé, conseiller municipal, ont rendu visite aux blessés et porté le réconfort de leurs paroles et leurs condoléances aux familles éprouvées.

Un cordon d'agents a été établi, à hauteur du Marché, rue Saint-Dizier, pour empêcher une foule de plus en plus nombreuse de contrarier le travail des pompiers et des sauveteurs, et aussi de marcher sur les fils électriques rompus.

Beaucoup de gens, avides de souvenirs, cherchaient un peu partout, notamment devant Saint-Sébastien, quelques débris d'obus.

Il était curieux, et surtout consolant, de constater la belle insouciance du public nancéien, qui, le premier émoi passé, courait de toutes parts aux nouvelles. Si les Allemands ont cru nous terroriser, ils se sont complètement trompés. Nous ne sommes pas de la race des trembleurs.

D'où provenaient les obus, et comment les artilleurs allemands avaient-ils pu amener leurs pièces à un endroit propice à ce bombardement? On assure que leurs pièces étaient postées entre Seichamps et Saulxures, et que c'est grâce à un armistice obtenu pour enterrer leurs morts que, violant la parole donnée, ils avaient pu préparer dans l'obscurité de la nuit leur bel exploit de barbares.

Mais leurs artilleurs doivent à présent savoir le prix de leur traîtrise. Nos pièces, en effet, ont eu rapidement raison des leurs, et on nous assure que notre infanterie a chassé tous ces criminels, la baïonnette dans les reins.

Puisse la leçon leur servir, et puisse-t-elle aussi nous bien mettre dans la tête que tous ces soi-disant armistices pour relever les blessés et enterrer les morts ne servent en réalité aux Allemands qu'à nous tendre d'abominables guets-apens.

Voilà le récit de l'affaire d'après les informations qu'en grande hâte on a pu recruter de toutes parts.

Tu comprendras que je te quitte là-dessus, maintenant que le journal roule, pour savoir ce qu'après réflexion on pense dans la ville.

A bientôt.

Nancy, 10 septembre 1914, 10 heures soir.

Ah! bien oui! de l'émotion! De l'émotion joyeuse, alors. Chacun se réjouit, après avoir donné ses regrets aux tués, d'avoir échappé à la mort, et est satisfait de ce que les dégâts ne sont pas aussi considérables qu'on l'imaginait.

Il se dégage ce sentiment assez curieux que l'on est flatté d'avoir subi un bombardement. Tout le monde ne peut pas en dire autant. Nous, civils, nous savons maintenant un peu, — pas beaucoup, un peu, — ce qu'est la guerre. On a vu quelque chose et on a couru un danger. On est content d'avoir vu et de n'en être pas mort.

Tout cela, au surplus, n'est plus rien à côté des magnifiques nouvelles générales qui nous sont arrivées.

L'ennemi se replie devant l'armée anglaise, qui a franchi la Marne. Les Allemands ont reculé de quarante kilomètres.

Cela fait du tort au souvenir du bombardement de Nancy, un tort, ma foi, fort agréable.

Et même la saisie de mon journal n'est pas pour nous enlever le sourire. A la place de la narration de « la chose » j'ai dû mettre un blanc d'une colonne et demie. Grâce à cette combinaison, on espère sans doute cacher aux Nancéiens qu'ils ont été bombardés cette nuit.

Pour fêter à la fois notre bombardement, le recul de l'ennemi et la saisie de l'*Est*, j'ai eu à déjeuner quelques collaborateurs disponibles. Le petit festin était fort joyeux, et nous n'avons pas négligé, après la traditionnelle coupe de champagne, de nous faire photographier par Liégeois. Ce sera un petit souvenir d'un grand événement.

Le sourire est sur toutes les lèvres, et l'espoir luit dans tous les yeux.

Nancy, 11 septembre 1914.

Toute la journée d'hier, depuis l'heure du déjeuner jusque très tard dans la soirée, les obus n'ont cessé de tomber du côté d'Essey, à peu de distance de Nancy. On s'attendait à en recevoir quelques-uns, mais on n'était plus inquiet. On savait quelles précautions il convenait de prendre, et on était prêt.

Le tir ne s'est pas allongé, et les Allemands ne sont parvenus qu'à démolir un mur dans la campagne. Ridicule résultat d'un effort énorme qui a incendié sans trêve l'horizon comme pour une grande bataille.

Nous n'avons rien eu de Paris, ou à peu près rien. Nous n'en sommes pas moins certains que tout va bien.

Cependant, une nuance d'inquiétude persiste. Le préfet a adressé aux maires du département le télégramme suivant :

« Veuillez, si cela n'a pas été fait, réunir à la mairie armes et munitions entre les mains de vos administrés. Ces armes et munitions ne seront rendues à leurs propriétaires que sur un nouvel ordre de l'autorité militaire. »

Il est vrai que Nancy est exceptée de cette mesure, et cela rassure un peu les timides.

Que fait d'ailleurs tout cela, puisque l'ennemi recule?

Nancy, 12 septembre 1914.

Victoire! victoire! La France est victorieuse de l'Allemand, et Nancy est sauvée de l'invasion.

Cela, tu le sais. Il faut cependant que je te dise comment cette nouvelle est arrivée chez nous.

Ce matin, je recevais de la préfecture la lettre suivante adressée à la population :

« Je suis heureux de pouvoir apprendre à la population de Meurthe-et-Moselle que la grande bataille que depuis cinq jours les armées françaises livrent contre l'ennemi s'achève en une magnifique victoire.

« Français, prenez patience quelques heures en attendant que la communication officielle et précise de cette victoire vous vienne de ceux qui ont autorité pour vous la faire et préparez vos cœurs à une grande joie.

« L. Mirman. »

En même temps me venait de la mairie et de la préfecture l'ordre du jour du général Joffre, qui était communiqué à tout le monde, affiché sur les murs et aux devantures des magasins. Le voici. Tu le connais, mais je suis tellement heureux de le lire que je ne résiste pas au plaisir de le recopier :

« La bataille qui se livre depuis cinq jours s'achève en une victoire incontestable. La retraite des Ire, IIe et IIIe armées allemandes s'accentue devant notre gauche et notre centre. A son tour la IVe armée ennemie commence à se replier au nord de Vitry et de Sermaize.

« Partout l'ennemi laisse sur place de nombreux blessés et des quantités de munitions ; partout on fait des prisonniers. En gagnant du terrain, nos troupes constatent les traces de l'intensité de la lutte et de l'importance des moyens mis en œuvre par les Allemands pour essayer de résister à notre élan.

« La reprise vigoureuse de l'offensive a déterminé le succès.

« Tous, officiers et soldats, vous avez répondu à mon appel.

« Tous, vous avez bien mérité de la Patrie.

« JOFFRE. »

On a peine à en croire ses yeux. On lit, on relit encore, et on demande à chacun : « Avez-vous lu? » pour entendre des paroles qui confirment la joie générale.

On s'amuse beaucoup aussi de la phrase du communiqué assurant que « quelques pièces à longue portée ont essayé de bombarder Nancy ». Essayé! Je crois bien que c'est plus qu'un essai.

Ce détail drôle disparaît dans la magnifique harmonie des nouvelles, auxquelles s'ajoute celle de la délivrance de Lunéville. Les cœurs vibrent d'enthousiasme, et d'eux monte vers nos soldats une continuelle action de grâces. On se serre les mains, on embrasse les amis comme si on les retrouvait après une longue et cruelle séparation.

Et je saisis au passage cette phrase qui m'émeut profondément :

— La France est ressuscitée!

Nancy, 13 septembre 1914.

Le beau dimanche! Après tant de soucis et d'angoisses, je ne sais comment exprimer ma joie prodigieuse. Non, vraiment, je ne sais plus rien, plus rien qu'être heureux.

Excuse-moi. Plus tard, sans doute, quand tous ces événements seront dans un passé lointain, ils m'apparaîtront en leur magnifique ensemble.

Je suis heureux, comme tous les Français, je suis heureux, et je me répète ces mots sans parvenir à découvrir ni à fixer tous les détails de mon bonheur.

Il ne manque rien à ce bonheur ineffable. Il est même relevé par une aventure plaisante.

Pour avoir publié l'ordre du jour du général Joffre, alors qu'on avait, paraît-il, demandé d'en ajourner la publication, le journal est suspendu pour trois jours. Note que chacun, à Nancy, en avait une copie sous les yeux, et que, comme je te l'ai dit, on l'avait affiché partout, dans toutes les communes du département et qu'on en distribuait dans les tramways des exemplaires dactylographiés.

Je ne veux même pas essayer de comprendre ce mystère. J'aime mieux en goûter la saveur imprévue.

Cela me permettra, sans être distrait par la hâte de la besogne quotidienne, de me répéter pendant trois jours :

« La France est victorieuse.

« Nancy est sauvée. »

Et je vais tout à l'heure me crier à moi-même, pour entendre encore ces mots merveilleux :

« La France est victorieuse.

« Nancy est sauvée. »

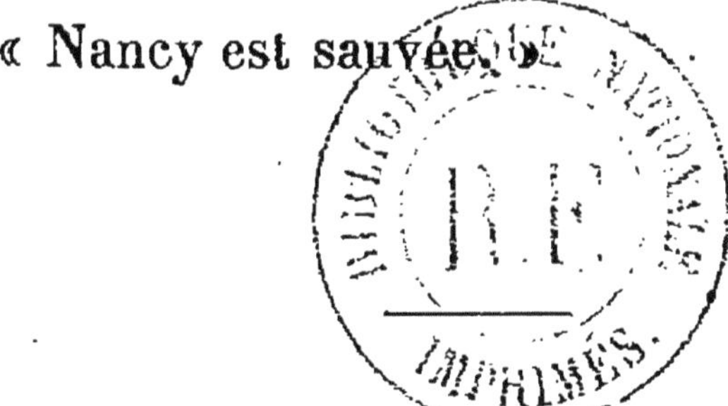

TABLE DES MATIÈRES

ACHEVÉ D'IMPRIMER

LE QUINZE JUIN MIL NEUF CENT DIX-SEPT

PAR BERGER-LEVRAULT

A NANCY

APRÈS LE QUINZIÈME BOMBARDEMENT

DE LA VILLE

Histoire de Nancy, par Chr. Pfister, professeur à la Sorbonne. 1902-1908. Trois volumes grand in-8 jésus, avec 493 gravures dans le texte, 102 illustrations hors texte, et 16 planches et cartes . . . . 100 fr.

L'Administration des Départements envahis en 1870-1871, par Émile Chantriot. Préface de Jean Cruppi, ancien ministre des Affaires étrangères. 1916. Volume in-12 . . . . 1 fr. 25

Sur la Tombe des Martyrs — Sur la Tombe des Héros. *Gerbéviller 1916,* par L. Mirman, préfet de Meurthe-et-Moselle. In-16 jésus, avec une composition de Victor Prouvé . . . . 1 fr.

Leurs Crimes, *d'après les rapports officiels des Gouvernements français et belge,* par L. Mirman, préfet de Meurthe-et-Moselle, G. Simon, maire de Nancy, et G. Keller, maire de Lunéville. Publié sous le patronage de 25 villes martyrisées. 1916. In-12 . . . . 60 c.

Parmi les Ruines (*De la Marne au Grand Couronné*), par Gomez Carrillo. Traduit de l'espagnol par J.-N. Champeaux. 4e mille. 1915. Volume in-12 de 387 pages, broché. . . . . 3 fr. 50

Le Sourire sous la Mitraille. *De la Picardie aux Vosges,* par E. Gomez Carrillo. Traduction de Gabriel Ledos, revue par l'auteur. 1916. Volume in-12 . . . . 3 fr. 50

Une Visite à l'Armée anglaise, par Maurice Barrès, de l'Académie Française. 1915. Volume in-16 jésus de 120 pages . . . . 1 fr. 25

La France en guerre, par Rudyard Kipling. Traduit de l'anglais par Claude et Joël Ritt. 7e édition. 1916. Vol. in-16 jésus, avec 2 photogr. . . 1 fr. 50

Jusqu'au Rhin. *Les Terres meurtries et les Terres promises,* par A. de Pouvourville. 5e édition. 1917. Volume in-12, avec 32 cartes. . . 3 fr. 50

Images de France. Région de l'Est, par Émile Hinzelin. 1900. Volume in-12 de 433 pages, broché sous couverture illustrée par V. Prouvé. 3 fr. 50
Relié en percaline gaufrée, plaques spéciales . . . . 5 fr.

Croquis lorrains, par Louis Madelin. Préface de Maurice Barrès, de l'Académie Française. 1907. Volume in-12 de 442 pages, broché. 3 fr. 50

L'Alsace-Lorraine devant l'Histoire, par Joseph Reinach, ancien député. 1916. Brochure grand in-8 . . . . 75 c.

L'Alsace et la France, par Chr. Pfister, professeur à la Faculté des Lettres de Paris. 1917. Brochure grand in-8 . . . . 75 c.

Le Pays de Briey. *Hier et aujourd'hui.* Étude industrielle et sociale, par Georges Hottenger. (Bibliothèque du Musée social.) 1912. Volume in-12, avec une carte in-folio, broché . . . . 3 fr.

Le Nouveau Bassin minier de Meurthe-et-Moselle et son réseau ferré, par Auguste Pawlowski, rédacteur au *Journal des Débats.* 1909. Volume in-12 de 128 pages, avec 20 gravures et une carte en couleurs in-folio, broché . . . . 3 fr.

Le Fer en Lorraine, par E. Gréau, directeur de la Banque de France à Nancy. 1908. Volume grand in-8 de 234 pages, avec 63 gravures et 4 cartes in-folio, broché. . . . . 10 fr.

Le Sel en Lorraine, par E. Gréau, directeur de la Banque de France à Nancy. Volume grand in-8 de 120 pages, avec 26 gravures et une carte in-folio, broché . . . . 5 fr.

NANCY, IMPRIMERIE BERGER-LEVRAULT

www.ingramcontent.com/pod-product-compliance
Ingram Content Group UK Ltd.
Pitfield, Milton Keynes, MK11 3LW, UK
UKHW021056220726
13924UKWH00005B/2119

9 782019 938840